Erzähl mir vom Süden

H.E. Mayer

Erzähl mir vom Süden. Wie es dort aussieht.
Was sie dort machen. Warum sie dort leben.
Warum sie überhaupt leben.

W. Faulkner, Absalom

bookmundo Osiander
Helen.E.Mayer@t-online.de

I. Erzähl mir vom Süden

Lange Zeit ging ich ungern schlafen. Den größten Teil der Nacht verbrachte ich wieder einmal damit, mir alte Fotos anzusehen, mir die Orte und Menschen, die ich gekannt hatte, ins Gedächtnis zu rufen, *um den Punkt zu finden, an dem sich alles verwandelte.*
Wenn ich dann endlich einschlief, kam es mir vor, als sei das Geheimnis, das ich zwischen den Ereignissen von damals suchte, nicht dort, sondern in meinen Träumen zu finden.

Die Jahre 2001 bis 2004 lagen in meiner Erinnerung wie Blei. Damals lebte ich in einer Gartenkolonie am Rande Berlins. Die Siedlung erstreckte sich über eine Halbinsel zwischen der Havel und dem Heiligensee, einem kleinen Gewässer, gesäumt von Schilf und Bäumen und eingebettet in eine Landschaft, die ich heute, wenn ich den Ort wiederbesuche, reizlos finde. Die Gegend ist flach, keine Biegung oder wellige Umgebung gönnt dem Auge Abwechslung, und ihre Farben changieren zwischen Graugrün und welkem Braun. Aber als ich das Gartenhaus kaufte, war ich betört von dessen Nähe zum Wasser, dem direkten Zugang zum See gleich hinter dem kleinen Grundstück.

Bild 1. Der See

Der Badeeinstieg im Februar. Stilles blaues Wasser, Himmel darin, die Äste der Winterbäume, verdorrtes Schilfgras. Am Ufer Eschen, die im seichten Wasser wurzeln. Morgens schwamm hier oft eine Eisschicht, die über Nacht Holzstöckchen, Gräser und Laub eingefangen hatte. Beim Anblick des Wassers über der Eishaut, dem Laub und den Wolkenspiegelungen darin, fiel mir auf, dass diese ineinandergreifenden, bis in die Tiefe und in den Himmel reichenden Schichten meinen Träumen glichen: Kaum hatte ich, morgens darüber nachsinnend, eine Bedeutung gefunden, tauchte schon, darüber oder darunter, die nächste und übernächste auf. Es bleibt einem nichts anderes übrig, dachte ich, als ihre Vielschichtigkeit zu akzeptieren, die man nie ganz erfassen wird. Aber hier am See konnte ich sie *sehen*. Jetzt hörte ich wieder die Stimmen der Kinder, die im Sommer schreiend und prustend auf ihre Luftmatratzen kletterten und mich nass spritzten, während ich mich zögernd der Tiefe näherte, spürte wieder den Schlamm und Sand unter meinen Füßen, das Rascheln der Haubentaucher in ihrem Schilfversteck - dann sprang ich endlich. Mein Kopf musste immer zuerst unter Wasser, ich musste ihn abkühlen, den Körper ganz eintauchen. Danach schwamm ich zum Strandbad am gegenüberliegenden Ufer.

Die Kirchengemeinde Heiligensee verpachtete ihr umzäuntes Wassergrundstück parzellenweise an christliche Laubenpieper. Mir wäre das keine Messe wert, sagte mein damaliger Kollege, als ich ihm in einer Mittagspause mein neu erworbenes Gartenhaus zeigte und erzählte, dass ich dafür in die Dorfkirche eintreten und das Abendmahl einnehmen musste.

Man nimmt das Fleisch und Blut einer Gottheit zu sich, sagte Lars (er war Philosophielehrer), um an deren Kraft und Unsterblichkeit teilzuhaben. Eine uralte Geschichte, älter als das Christentum.

Ich schwieg. Den Schlüssel zum See besaß ich immer noch.

Bild 2. Das Haus

lag in der zweiten Reihe zum See, versteckt hinter den Zypressen meiner Nachbarin Gertrud. Vom Hirschdamm aus konnte man nur den weißen Holzgiebel und das Fenster im Obergeschoss sehen. Das Gartenhaus hatte zwei Stockwerke - die Laubenbesitzer hielten sich nicht an die gesetzlichen Vorschriften, nach denen es nur eingeschossig sein durfte. Nach der Zerstörung Berlins hatten sich viele hier wohnlich

eingerichtet. Es gab Wasser und Strom, die Müllabfuhr kam und sogar die Post. Die Behörden drückten ein Auge zu, als viele der Pächter in der Kolonie blieben, obwohl es wieder genug Wohnraum in der Stadt gab.
In meiner Küche konnte ich ein Stück glitzerndes Wasser und die Eschen am Ufer sehen. Zum Schwimmen lief ich wie auf einem Campingplatz barfuß und im Bademantel einen Grasweg entlang, bog um die Ecke und öffnete das Eisentor des Zauns, der das Seegrundstück umgab.

Im Sommer 2001 konnte man kaum atmen vor Hitze. Schon morgens regte sich kein Windhauch, selbst die Stimmen der Vögel wirkten gedämpft. Nachts hatte ich wieder bis drei Uhr gelesen. *Es gibt nur Irrtümer, das ist das Wesen der Welt. Niemand findet sein Leben. Das ist das Leben.* Vielleicht, ging es mir durch den Kopf, haben die Buddhisten doch recht, für die das menschliche Leben hauptsächlich aus Leiden besteht - außer es gelingt einem, sich den Wirkungen der äußeren Welt zu entziehen. Tilla, fiel mir ein (sie fiel mir immer ein), besaß im Gegensatz zu mir eine Art Distanz zu den Dingen, eine Leichtigkeit, wenn auch nicht im meditativen Sinn.
An diesem Abend war ich mit Gertrud bei Sonnenuntergang im See geschwommen, fühlte mich aber leer und abwesend und hörte ihrem alltäglichen Geplauder nur halbherzig zu. Ich kann doch nicht immer allein sein, dachte ich und nahm ihre Einladung zum Abendessen an.
Gertrud war Musiklehrerin in Moabit und sang mit ihren meist türkischen Schülern deutsche Volklieder. Wenn sie von ihrer Schule im Wedding erzählte, mischten sich schrille Töne in ihre sonst angenehme, dunkle Stimme. Sie hatte ein Sabbatjahr beantragt, das sie hier in ihrem Gartenhaus verbrachte. Am Sonntag spielte sie Orgel in der Kirchengemeinde und fühlte sich schon wie zu Hause. Ihr Leben schien, trotz der beruflichen Überforderung, keinen bohrenden Fragen ausgesetzt. Ich beneidete sie um ihre Fähigkeit, stundenlang im Gartenstuhl zu liegen, das Gesicht der Sonne zugewandt. Warum lebst du so allein hier oben, Aron, fragte sie, als wir uns am Ufer abtrockneten. Was sollte ich ihr antworten. Das Wort *Frieden* fiel mir ein. Mit

Siebzehn, anlässlich meines ersten Liebeskummers, hatte ich ein seltsames Motto in mein Notizbuch geschrieben: *Das ist die Vollendung meines Gleichmuts*. Der Satz war mir von irgendwoher zugeflogen, ich hatte keine Ahnung, was er bedeutete.
Gertrud wickelte ihren weißen Stadtkörper in ein Badetuch. Sie hatte ihre Frage vergessen und sprach vom Abendessen.

Bild 3. Mit Freunden im Garten

Das Gras vom vergangenen Jahr ist gelb und strohig, der Apfelbaum, der seine Äste in den Bildausschnitt streckt, und die Kastanien hinter dem Zaun sind noch kahl. Durch die Zweige sieht man den blassen See. Grauer Himmel darüber. Wir stehen vor meinem Gartenhaus. Ich in der Mitte, verlegen grinsend. Das Geburtstagsritual, das eine Kollegin für mich zelebrierte, war mir peinlich. Meine Gäste umringten mich und formten mit den Händen ein Dach oder Dreieck vor dem Gesicht. Dabei sollten sie mir etwas wünschen, den Wunsch gen Himmel senden und nicht verraten. Schrecklich, dachte ich, als ich überrumpelt in ihrer Mitte stand. Aber vielleicht hatte dieses Ritual - wie der Teil eines langen alchemistischen Prozesses - letztlich doch etwas bewirkt. Hinter mir meine alte Freundin Renée, die versonnen durch ihr Händedach blickt. Was sie mir wohl wünschte? Man glaubt oft zu Unrecht, Freunden und Bekannten bliebe der Kummer verborgen, die Leere und Verzweiflung, in der man steckt. Was dachten sie wohl angesichts der Tatsache, dass ich mich in ein Gartenhaus am äußersten Rand Berlins verkrochen hatte? Sie wussten, dass ich jahrelang mit Tilla zusammen gewesen war, die ich immer noch liebte. Vielleicht wünschte mir Renée eine neue Liebe (denn selten wünscht man jemandem eine Liebe zurück, die der andere längst aufgegeben hat). Ich kannte Renée noch aus den wilden Jahren unsrer Studentenzeit in Süddeutschland. Inzwischen hatte sie hier, nach einer schweren Krankheit, Ruhe in einer Beziehung gefunden.

Anfang der 80er, als ich sie in Wien besuchte, wo sie zu einem transsexuellen Szenestar geworden war, hatte es eine Nacht gegeben, in der ich ihr-ihm gegenüber plötzlich die Rolle einer Frau einnahm, die aufnimmt und empfängt. Es war, als handle jemand anderes durch mich hindurch. Danach, um zwei oder drei Uhr nachts waren wir über eine Donaubrücke gelaufen, René (das zweite *e* ließ sie inzwischen weg) in einem schwarzen Poncho wie ein Vampir oder großer Nachtfalter, der vor mir herschwebte.
Es ginge nicht mit uns beiden, schrieb sie, nachdem ich wieder abgereist war. Tief enttäuscht und verletzt hatte ich sie-er auf eine Weise beschimpft, die mir ein Jahrzehnt später, als wir uns in Berlin wieder trafen, äußerst unangenehm war. Renée, die wieder als Frau herumlief, schien es vergessen zu haben. Wenn ich sie jetzt ansah, fragte ich mich, wo die Faszination, die das schillernde, androgyne Geschöpf auf mich ausübte, geblieben war. Sie stand in meinem Garten, ihr schmales, von der Krankheit gezeichnetes Gesicht war ungeschminkt, ihre hohe schlanke Gestalt schlicht und unauffällig gekleidet. Nur das Schimmern ihrer dunklen Augen und ihre krausen Locken erinnerten mich noch an etwas: an mich selbst als junger Mensch. Neben Renée steht Curt, den ich in einem Schreibworkshop kennen- und schätzen gelernt hatte. Curt wünschte mir, *endlich aus meinem Siechtum, dieser chronischen Krankheit* heraus zu kommen. Als er es mir während unseres anschließenden Urlaubs erzählte, war ich schockiert. Aber der Traum, den ich in Italien notierte, zeigte, dass er Recht hatte.

Ein Museum hat eine ganz besondere Idee: Jeder Besucher wird Pate eines Kunstwerks und erhält dafür eine Skulptur von sich selbst. Ich stehe im Publikum auf einer Galerie, während unsere Figuren hereingerollt werden. Als meine - es sind gleich zwei - an der Reihe sind, sehe ich erstaunt einen Mann im Rollstuhl, dessen Kopf immer wieder auf die Brust fällt. Der Mann hat kaum noch Haare. Die zweite Figur trägt eine hässliche dicke Brille (ach so, als Teenager trug ich ja eine Hornbrille) und zerrissene löchrige Shorts. Hat sich der Bildhauer über mich lustig gemacht, oder saß ich ihm an einem besonders schwierigen Tag Modell? Zu den Figuren reicht man mir ein Papier in Form meiner Küchentraumzettel. Darauf werden zwei Ursachen für meinen Zustand genannt: "Mauritius", was wie eine Krankheit klingt, und eine Sängerin, die mich mit einem Zauber belegte.

Im Internet fand ich einen *Heiligen Mauritius,* der - starrköpfig an seinem Glauben festhaltend - freiwillig in den Tod ging. Man ruft ihn gegen Besessenheit an. In Kirchen und auf Wappen wird er mit krausem Haar dargestellt.
Und Tilla, als ich sie kennenlernte, stand auf der Bühne und sang.
Aber im April 2002 ärgerte ich mich über Curt und kam mir vor wie einer seiner Klienten, den er kühl und abschätzig diagnostizierte.
Hinter Curt, auf dem sandigen Pfad neben meinem Gartenhaus, stehen Lars und dessen Freundin. Mein Kollege kannte mich nicht so gut wie Curt, dem ich bis dahin fast alles erzählte. Lars wusste nur, dass ich an einem Buch schrieb. Vielleicht wünschte er mir die lang ersehnte, erste Veröffentlichung. Gertrud, die herüberkam, um mir ein Geschenk zu bringen, sitzt ganz am Ende des Gartentisches neben Renées Lebensgefährtin. Wahrscheinlich hatten die beiden keine Lust auf die seltsame Zeremonie. Am rechten Bildrand sieht man die zusammengelegten Hände der übrigen Gäste, die unsichtbar bleiben. Wir alle wirken in unseren Winterjacken und der kühlen Vorfrühlingsluft steif und verfroren.

Bild 4. Schulende

Meine SchülerInnen des Altenpflegekurses in Spandau und ich. Sektgläser in der Hand, gelöste, begeisterte Mienen. Etwas wurde gerade aufgeführt. Ich erinnerte mich, dass ich zu spät ins American Bowl in der Schönwalder Allee kam, keine Lust auf die Examensfeier hatte, und mich Ilse, unsere Direktorin, vorwurfsvoll anguckte. Neben mir steht die

Klassensprecherin, Frau Dinescu, deren Ehemann das Büffet spendierte. Eigentlich war sie ebenfalls Lehrerin. Aber ihre Ausbildung wurde in Deutschland nicht anerkannt, so dass sie gezwungen war, noch einmal die Schulbank zu drücken. Im Gegensatz zu den meist proletarischen Schülern erschien sie immer sorgfältig gekleidet und gepflegt. Aber an diesem Tag hatten sich alle in Schale geworfen - eine Modeparade der Frauen mit spitzen Schuhen und Abendkleidern, die Männer im dunklen Anzug. Neben Frau Dinescu steht Frau Berlin, die sich ständig über irgendetwas beschwerte. Worüber regen Sie sich immer so auf, Frau Berlin, fragte ich sie einmal. Sie sah mich überrascht an: Ach, das hat nichts zu bedeuten. Ich bin immer so ... Neben ihr Frau Yildiz, das schwarze Schaf der Klasse. Ihre Ausreden, wenn sie wieder einmal ein Referat oder eine Klausur versäumte, hatten meine Kollegen und mich genervt. Sie wäre eigentlich durchgefallen, aber die sonst so anspruchsvolle Ilse hatte in ihrem Fall ein Auge zugedrückt. Es gäbe Probleme mit einem gewalttätigen Ehemann, hieß es. An diesem Tag sah ich Frau Yildiz zum ersten Mal entspannt, sie kam mir vor wie eine andere Person. Die Ausbildung war für alle eine zweite Chance gewesen, die sie jetzt gemeistert hatten.

Als ich dort stand, wusste ich bereits, dass ich am Ende des Schuljahres frei sein würde. Wieder einmal war bei der letzten Teambesprechung mein Vorschlag abgeschmettert worden, unsere Selbstausbeutung durch die Einführung von Jahreszeitkonten in den Griff zu bekommen. Aber es geht doch um unsere Arbeitsplätze! Ilse sah mich drohend an. Mir scheint, du hast die falsche Dienstauffassung, Aron! Harald, ihr Adlatus, nickte. Außerdem hast du letzte Woche einen Harry-Potter-Film gezeigt, ohne mich, die Fachleitung, darüber zu informieren. Das gehört nicht zum ordnungsgemäßen Lehrplan! Ihre Vorwürfe waren mir vorgekommen wie Abmahnungen. Als ich danach durch den Tegeler Forst zurück zur Fähre radelte, seufzte ich auf vor Erleichterung: Ich hatte gerade gekündigt! Und angesichts der dunklen Kiefern um mich herum, wollte ich nicht nur den ungeliebten Job, sondern diesen ganzen Norden mit seinen düsteren Wäldern hinter mir lassen.

Am Ende der Examensfeier reichte mir meine Lieblingsschülerin, Frau Schalamov, die Hand. Ihr sanftes Tschüs Herr Loewe klang fast zärtlich.

Bild 5. Tilla

Ich konnte das Foto nicht ohne Trauer ansehen. Es war verwackelt und unscharf und Tilla eigentlich nicht darauf zu erkennen. Ein Schnappschuss, der, nur für mich, festhalten sollte, dass sie tatsächlich da gewesen war, nicht nur in meinen Gedanken und Träumen.
Sie liegt mit Sonnenbrille in meiner rosa Hängematte. Die handgeknüpfte, ursprünglich weiße Matte, war in der Waschmaschine rosa geworden. Tillas Gesicht wird von Lichtreflexen verwischt. Ihr Lachen kann man nur erahnen - das aufgesetzte Strahlen eines Menschen, der immer gut gelaunt sein muss (meine Bitterkeit, der Hang, die Person abzuwerten, die mir nicht mehr "gehört"). Der Anblick ihres schmalen nackten Oberkörpers in der Hängematte ... Als wir uns kennenlernten, war ihr Rücken voller Mitesser, die ich ihr ausdrückte. Ein unangenehmer Geruch stieg in mir auf. Aber, vermischte ich sie nicht, in meinem Bemühen, sie zu sehen, *wie sie wirklich ist,* mit einer flüchtigen Geliebten am Besenmarkt, deren Adresse ich noch wusste, aber nicht mehr ihren Namen, und deren, mit einer dicken Talgschicht bedeckter, streng riechender Rücken in mir hängen geblieben war? Nein, Tillas Geruch war, wenn sie nach Monaten oder Jahren wieder in meinen Armen lag, überwältigend süß, warm, vertraut. Einmal hatte ich ihr ein Unterhemd aus ihrem Wäschekorb geklaut, um ihren Duft, diese ganz besondere Mischung aus Schweiß und Parfüm mit nach Hause zu nehmen. Ja, ich konnte den Parfümeur in Süskinds berühmten Roman verstehen, der den Geruch der geliebten Person für immer konservieren wollte.

Die rosafarbene Matte hängte ich jeden Sommer zwischen meinen Kirsch- und Apfelbaum. Ihre Äste bilden ein Dach über der darunter liegenden, lachenden Tilla. Neben ihr mein Gartentischchen, darauf zwei Gläser. Ob sie gefüllt sind oder leer, konnte ich nicht erkennen. Sie stehen auf einem Muster aus Sonnenlicht und Schatten, das mir wie der Code für unsere Beziehung vorkam, den ich nie knacken konnte. In der Nacht bevor sie kam, war ich wieder einmal nicht zur Ruhe gekommen und schweißgebadet aus einem Traum aufgewacht. Etwas, ich, als der Mann oder Mensch, der ich war, sollte offenbar sterben.

Ein junger Mann geht auf ein Restaurant zu. Der Wirt des Lokals steht in der Tür und beschließt ihn zu töten, weil er krank sei oder etwas falsch gemacht habe. Seine Familie gestattet ihm nicht zum Arzt zu gehen, damit ihr Name nicht beschmutzt wird. Ich verlasse gerade das Restaurant, als der junge Mann ahnungslos seinem Schicksal entgegenläuft, fühle mich wie gelähmt, halte die Luft an, in der Hoffnung, die schreckliche Tat sei bald vorbei. Dann höre, sehe ich Hilfeschreie, Blut. Der Wirt quetscht den jungen Mann, den sein Kampfhund zerfleischt hat, und der sich immer noch wehrt, hinter eine Tür. Da kommt endlich jemand, geht zum Verschlag, hinter dem das Opfer schreit und öffnet ihn. Ein blutüberströmter, zerfetzter Körper fällt vornüber. Jetzt gehört er zu einer Frau.

Bekanntgehen, sagte Tilla, das ist doch nicht Fremdgehen, was ich hier mache. Wir waren tatsächlich im Bett gelandet, was ich nicht mehr zu hoffen wagte, da sie sich jahrelang nicht gemeldet hatte und bereits mit dem übernächsten Mann zusammenlebte.
Am Morgen war sie mit einer Bäckertüte in der Tür gestanden.
Ich frühstücke doch nie.
- Ich auch nicht, aber ich habe dir Brezeln mitgebracht. Das ist etwas Anderes.
Ich freute mich über ihre Anspielung auf unsere gemeinsame Vergangenheit im Süden, und dachte gleichzeitig, ich hätte

mich verhört. Immer wenn sie unsere Verbundenheit ansprach, konnte ich es nicht glauben. *Warum kommt sie dann nicht zurück?* Sie setzte sich auf das blaue Sofa, das sie einst ausgesucht hatte (aber nicht wiedererkannte), und erzählte von ihrer letzten Reise. Angesichts ihrer Weltreisen im Zusammenhang mit ihrem Job kam mir meine Gartenhausexistenz plötzlich ziemlich beschränkt vor.

Ich brauche das, sagte sie, wenn ich nur im Büro sitze, überfällt mich ein Gefühl wie Watte im Kopf. Dann habe ich auf nichts mehr Lust, nichts hilft mehr, Saufen nicht, Vögeln nicht, nur Bewegung, Bewegung hilft.

Nach dem Frühstück spazierten wir durch den Wald hinter dem Hirschdamm. Es ging, wie meistens, um sie. Wenn ich von mir anfing, sagte sie nur kurz etwas dazu und ... Nein, so war es nicht. Ich wagte es nicht den Mund aufzumachen, sonst würde sie sich, überfordert von meiner Verzweiflung, schnell wieder verabschieden und mich wieder einmal ohnmächtig und wütend zurücklassen.

Wie ging es dir, nachdem du damals einfach verschwunden bist, fragte ich, als sie neben mir im Bett lag.

- Dein Racheakt nach meinem Seitensprung (ich hatte Kassetten mit den Aufnahmen ihrer ersten Auftritte zerstört) hat mich erschreckt. Du warst mir unheimlich, bist es mir immer noch.

Ich wollte einwenden, dass ...

Aber, unterbrach sie mich, wir sind doch eh´ goldig.

Wieder deutete sie etwas an, das mich freute, ich aber nicht fassen konnte. Was meinte sie mit „goldig"? Mir fiel eine Szene ein, die ich für mich unseren „goldenen Moment" nannte: Im Herbst 1986 (in dem Jahr, in dem wir uns kennenlernten) saßen wir in meiner Küche in der Heckengasse, um ein Glas Wasser zu trinken, nachdem wir uns zum wiederholten Mal geliebt hatten. Unsere Berührungen - mehr brauchte es nicht, um sich jetzt anzusehen und in der Nachmittagssonne ... Meine Duschküche war plötzlich von einem goldenen Nebel erfüllt, in dem wir zu schweben schienen, wie durchsichtig, ohne feste Konturen waren. Wir staunten, wussten nicht, was mit uns geschah.

Nach diesem gemeinsamen Erlebnis glaubte ich, sie könne keinen anderen mehr lieben. Aber im Frühsommer 2003 in meinem Gartenhaus, als wir kein Paar mehr waren, wagte ich nicht diesen magischen Moment wieder herauf zu beschwören.
In den langen Pausen, in denen wir uns nicht sahen, schrieb ich alle Fragen auf, die ich ihr eines Tages, wenn sie kein vermintes Gelände mehr waren, stellen würde.

Bild 6 und 7. Heckengässle

Im August 2003 musste mein Freund Andreas aus der Heckengasse ausziehen – der Wohnung, in der Tilla und ich unsere ersten Jahre verbrachten. Andreas hatte sie von mir übernommen, als ich in den Norden zog - aber nicht aufhören konnte, mich nach dem Heckengässle zu sehnen. Wenn ich ihn an den Wochenenden und im Urlaub besuchte, saß ich tagelang mit einem Buch in dem grünen Samtsessel, der noch von mir stammte, das Brunnengeplätscher und die schwäbischen Rufe von der Gasse im Ohr. Es gab nur noch einen Ort, an dem ich mich wohler fühlte.
Die beiden Fotos waren meine letzten Aufnahmen vom Heckengässle. Sie zeigen das Wohnzimmer. Brauner Holzfußboden, die zugezogenen, weißen Vorhänge, die die Sonne in gleißende Flächen verwandelt, Lichtflecken an der Zimmerdecke - die Hausgeister, die sich von uns verabschiedeten?
Das zweite Foto zeigt die bereits vertrockneten Fensterpflanzen, elegant und schimmernd wie Goldschmiedearbeiten. In der Scheibe ihr pointillistisches Abbild.
Auf der Liege meiner Therapeutin hatte ich oft eine Vision: Ich sitze in einer Art Nussschale, deren Vorderseite sich zum Meer hin öffnet - Geborgenheit im Rücken und vor mir Weite, Frische, Offenheit. Das Heckengässle bedeutete etwas Ähnliches für mich.

Nach den Aufnahmen war ich zu einem Spaziergang aufgebrochen. Meine Füße führten mich die Admiralsgasse zum Schloss hoch. Oben angekommen flüchtete ich auf eine Bank im Schatten eines Ahornbaums. In der Ferne die hellblau flimmernden Berge. *Ich hebe meine Augen auf zu den Bergen, von welchen mir Hilfe kommt.* Ich holte mein Notizheft heraus, las noch einmal die Sterbeszene einer Figur, die Tilla ähnelte, änderte die Szene und ließ sie den kühlen Modergeruch der Burggrabenmauer in meinem Rücken wahrnehmen, das Gewisper der Blätter über mir, das wie der Gesang dieses Ortes klang, des Ortes, zu dem wir gehörten, der uns wunschlos glücklich sein ließ. Ich lag auf der Bank, um mich nur noch leuchtende Farben und weit und breit kein einziges Problem. Was mache ich in diesem fremden Berlin? Wozu eine Therapie, wenn ich hier glücklich bin? Die raschelnden Blätter im Sommerwind, der tiefblaue Himmel, alles schien nicht mehr nur außerhalb, sondern auch in mir zu sein.
Beim Abendessen sprach ich mit Andreas zum ersten Mal über meine Rückkehr.

Bild 8. Der zerborstene Baum

Der Sommer war vorbei, ich fuhr wieder zurück nach Berlin. Beim Spaziergang durch den Tegeler Forst fiel mir dieser vom Blitz getroffene Baum auf. Sein grüner Stamm war aufgerissen und aus seinem Innern ragten helle Holzsplitter. Es sah aus, als habe ihn jemand aufgeschlitzt. Ich blickte nach oben und atmete erleichtert auf. Seine Spitze war noch grün, mit weiterwachsenden Ästen und Zweigen! Ich flehte die klare frische Waldluft an, mich von meiner Tillamania zu befreien. Aber weder der Anblick der in der Abendsonne glühenden Baumkronen, noch der zarten Schösslinge zwischen dem Laub, nichts half.

Bild 9. Selbstportrait

Es gefiel mir dieses Foto. Das kam nicht oft vor, meistens hatte ich etwas an mir auszusetzen. Ich stehe vor dem Badezimmerspiegel und halte mir die Kamera über den Kopf. Die Linien und Winkel sind schräg wie bei einem Avantgardefilm: der rahmenlose Spiegel, der Waschbeckenrand, die Stehlampe daneben, das Elvis-Foto an der Wand, mein Oberkörper im braun gestreiften Bademantel. Das Gesicht wirkt weich, die Locken geben das rechte Ohr und die Stirn frei. Früher kam mir meine Stirn immer zu niedrig vor. Als Student rasierte ich mir einmal den Haaransatz ein Stück ab. Aber jetzt sah es so aus, als hätte sich das Problem zu meinen Gunsten gelöst.
Wer war dieser Mensch mit dem diffusen Lichtkegel über dem Kopf, den weichen Gesichtszügen und den sinnlichen Lippen?
Elvis, auf dem Bild neben meinem Kopf (eine Aufnahme während der Dreharbeiten zu *That´s the way it is*) war zu dem Zeitpunkt etwas über vierzig. An die Wand in meinem Bad, das so eng war wie die Duschkabine eines Campingwagens, pinnte ich oft ein Bild aus der Zeitung oder einer Zeitschrift. Es zeigt nicht den berühmten Star, sondern einen ganz normalen, älteren Mann (sein Hals ist bereits welk), der sich angeregt mit einem Schauspielerkollegen unterhält. Er wirkt zwar etwas verträumt, ist aber, auf unspektakuläre Weise, in Kontakt mit seiner Umgebung. Kurze Zeit später ging sein Leben zu Ende.
Auch ich war damals nahe daran. Zum Jahreswechsel hatte ich wieder einmal eine wunderbare Nacht mit Tilla verbracht und schwebte tagelang wie verjüngt durch die Gegend. Worin bestand eigentlich das Wunderbare dieser Nächte? Vor meinem inneren Auge fand ich nur sich vertraut anfühlende Dunkelheit, das Auf- und Ab unserer Körper, den Geruch ihrer Haut ... Aber, wie Worte für etwas finden, das im Zustand der Bewusstlosigkeit, also ohne Sprache geschah, wie eine Person beschreiben, die sich von anderen nur dadurch unterschied, dass sie, aus ewig ein Geheimnis bleibenden Gründen, diejenige war, die zu einem gehörte?

Wenn ich sie in den Armen hielt, rauschten Mantren durch mich hindurch: *Endlich sie, endlich sie, endlich sie ...* Jetzt fiel mir eine Szene *danach* ein: Dämmerlicht. Sie beugt sich über mich, greift nach der Wasserflasche auf dem Nachttisch, trinkt und reicht sie an mich weiter. Später, sobald ich die Wasserflasche von meinem Nachttisch nahm, musste ich jedes Mal daran denken. Was war das Besondere an dieser Szene? Ihr nackter Körper im Halbdunkel, ihre langen kräftigen Finger, die mir das Wasser reichten ... Es kam mir vor, als sei diese Gebärde das Einzige, was mir blieb.
Nein, es war nicht ihre Sinnlichkeit, nicht ihre Leichtigkeit oder das intellektuelle Feuer, das sie versprühen konnte, nicht die Geübtheit ihrer Finger, die mir Töne entlockten, die ich bisher nicht gekannt hatte - es war *diese wunschlos vorherrschende Gegenwart*, die ich nur mit ihr erlebte.
Aber diese Nächte waren auch wie die Quelle in einer Wüste, an der man sich erfrischt, nur um sich danach noch durstiger zu fühlen. Einige Wochen nach ihrem Besuch lag die Wochenendbeilage der Berliner Zeitung in meinem Briefkasten. Das war nichts Ungewöhnliches, die Nachbarn, die ein Abonnement hatten, gaben ihre ausgelesene Zeitung oft an die anderen weiter. Als ich die Beilage öffnete, traf mich der Schlag. Der zweiseitige Artikel - *Allein. Ein Protokoll* - schilderte die Situation eines einsamen, verzweifelten Mannes, der so alt war wie ich und meinen Namen trug! Er war arbeitslos, hatte eine gescheiterte Ehe hinter sich und steckte in einer Sackgasse, aus der er, aufgrund seines Alters und seiner inneren Müdigkeit, nicht mehr herausfand. Der Journalist des Berichts, wahrscheinlich einer dieser typischen Großstadtsingles, hatte seine eigene Horrorvision an die Wand gemalt.
Wenn du nicht auch so enden willst, schoss es mir durch den Kopf, musst du dich umbringen. Ich lief durch den Garten und überlegte, wie ich es anstellen sollte. Meine Hand ergriff wie von selbst die Heckenschere und schnippelte an der Ligusterhecke herum. Sobald ein verdorrter Zweig abgeschnitten war, kam der nächste und übernächste dran. Es war wie beim Entfernen des Giersch, der seine Wurzeln endlos unter der Erde verzweigt, man konnte nicht mehr

damit aufhören. Die noch blattlose Ligusterhecke umgab das gesamte Grundstück. Als ich wieder zu mir kam, ging ein glutroter Ball im See unter.
Wenn ich später an diese Szene dachte, wunderte ich mich, dass mir in diesem Moment keiner meiner Freunde eingefallen war. Ich hatte mich absolut allein gefühlt, ohne jede Bindung.
Am nächsten Tag fragte mich Gertrud, ob ich den Artikel über diesen dynamischen Selfmademan auf der Rückseite der Beilage gelesen hätte, das sei doch was für mich.

Bild 10. Die Tulka

Das Gesicht einer jungen Frau. Zarte, durchscheinende Züge, schmale Augen, kurz geschorenes Haar. Sie wirkt konzentriert, beherrscht und leicht skeptisch. Die Klarheit und Intelligenz ihres Gesichtes hatten mich überzeugt, auch wenn ich kein Buddhist war. Ihre Schönheit stellte ich allerdings erst im Nachhinein fest, nach meinem Erlebnis mit ihr. Das Foto stammte aus dem Faltblatt eines Klosters in Südfrankreich, das sie im Sommer 2003 besuchte. Ich hatte es ausgeschnitten zur Erinnerung an den Tag, an dem ich mit etwa tausend Menschen in einem Zelt an ihr vorbeidefilierte, ihren Segen empfing und mich danach wie verliebt fühlte. Dabei war ich eher widerwillig in der andächtigen Menge gestanden, hatte mir, halb meinem alten WG-Genossen Norman zuliebe, der hier Mönch geworden war, halb aus Neugier und dem Wunsch auch einmal "gesegnet" zu werden, einen Ruck gegeben, mir gesagt, probier´s doch einfach, wie ein Kind, das alles Bunte und Fremde mitmacht, und war langsam zu ihr vorgerückt. Sie saß unter einem Baldachin auf einer Art Thron, umgeben von Nonnen und Mönchen, die für den reibungslosen Ablauf des Rituals sorgten. Als ich vor ihr stand, wagte ich nicht sie anzusehen, sah dann doch auf. Die Tulka, die konzentriert ihre Aufgabe erfüllte, schien zu stutzen, mich überrascht anzusehen - für den Bruchteil einer Sekunde stand das Geschehen still - dann übte sie wieder ihr

Amt aus und legte ihre Hand auf meinen gesenkten Kopf. Ich wurde weiter geschoben, bekam eine geweihte Flüssigkeit auf Kopf und Hände geträufelt und drängelte nach draußen, in die frische Luft, weg von der Hitze in dem überfüllten Zelt, der Trommel- und Zimbelmusik, den unverständlichen Gesängen. Das biblische Wort *erkennen* fiel mir ein. Adam *erkannte* Eva. Ich konnte das, was ich gerade erlebt hatte, nur mit dem Überschwang eines Verliebten in Verbindung bringen. Alles in mir jubelte. Gleichzeitig schalt ich mich: Du spinnst, warum sollte das Oberhaupt einer jahrtausendealten Tradition, gerade *dich* bemerkt haben, alles Einbildung. Oder bestand ihre Kunst darin, auf eine vergessene Art und Weise in jemanden hineinzusehen, ihm dort zu begegnen, so dass er sich *erkannt*, gekannt fühlte? Das Ganze kam mir so unwahrscheinlich vor, dass ich selbst mit Norman nicht darüber reden konnte, geschweige denn mit Freunden oder Bekannten aus meinem alltäglichen Umfeld, als ich wieder in Berlin war. Etwas war mir geschehen, worüber man nicht sprach, und das nur der versteht, der es erlebt hat, und das waren meist religiöse Menschen. Aber ich war nicht religiös. Ich war aus Neugier zu einem alten Freund nach Südfrankreich gefahren, wollte dort Urlaub machen, mir ansehen, wie er jetzt lebt, und hatte mich von ihm zu dieser Veranstaltung mitschleppen lassen. Norman zählte zu den Menschen, die ich noch aus meiner Zeit in Süddeutschland kannte. Ich hatte ihn aus den Augen verloren, bis ich eines Tages in meinem Briefkasten ein hauchdünnes hellblaues Kuvert aus Frankreich fand. Der Brief wirkte so fremd, sah so anders aus, als die Umschläge, die ich normalerweise aus dem Briefkasten zog, dass ich den Eindruck hatte, endlich sei etwas passiert, eine Himmelsbotschaft habe mich erreicht, oder ich hätte im Lotto gewonnen. Damals ging ich jeden Morgen zu meinem Briefkasten hinter dem Gartenzaun, in der Hoffnung, eine Nachricht würde mich retten, etwas, das mich aus meiner Sackgasse herauskatapultierte. Einmal kam tatsächlich etwas Überraschendes - die Einladung eines renommierten Instituts, das aus Hunderten von Bewerbungen eine Handvoll Kandidaten zu einem Vorstellungsgespräch einlud. Aufgeregt war ich hingefahren,

das Gespräch schien nur noch eine Formalität, bis man feststellte, dass ich mich in den eingereichten Unterlagen jünger gemacht hatte. Das Ganze war mir so peinlich, dass ich es niemandem erzählte und nur noch tiefer in meiner Einsamkeit versank.
Und jetzt zog ich diesen blauen Luftpostbrief aus dem Briefkasten. Die Handschrift kam mir bekannt vor, wie etwas, was man vor Jahrzehnten zuletzt gesehen hat. Norman war damals der erste unsrer WG in der Marktgasse, der die kleine Stadt verließ und nach Berlin zog. Außer einer Ohrfeige aus Eifersucht war mir von ihm noch etwas anderes in Erinnerung geblieben. Wir lasen damals sehr viel. Norman hatte meist schwierige Belletristik oder Lyrik neben seinem Bett liegen, später nur noch philosophische Bücher und eines Tages gar nichts mehr. Er habe seine Bücher, Tagebücher und Fotos weggeworfen. Alles muss raus, sagte er mit seiner sanften Stimme. Ich brauche Platz für Neues ... Etwas an dieser Radikalität hatte mich beeindruckt.
Jetzt schrieb er, dass er in einem Kloster in der Provence lebe und ab und zu nach Berlin käme, um „Unterweisungen" zu geben. Ob er mich beim nächsten Mal besuchen dürfe, ich sei ihm immer als kreativer Mensch in Erinnerung geblieben. Ich verstand nicht, was er damit meinte, war aber neugierig auf den neuen Menschen in alter Gestalt und schrieb, ich würde mich freuen ihn zu treffen. Im Winter darauf kam er nach Berlin und wir spazierten - er in seiner dunkelroten Robe und mit rasiertem Schädel - durch den verschneiten Treptower Park, näherten uns vorsichtig wieder einander an. Aber schon bald zerrte wieder seine ätherische, irgendwie nicht greifbare Person an meinen Nerven.
Nach diesem Besuch folgte ein Briefwechsel, in dem ich ihm auch von der Sackgasse erzählte, in der ich nach der Trennung von Tilla steckte. Er habe Ähnliches erlebt, schrieb er zurück, aber die eigentliche Hölle sei die damit verbundene, existentielle, bzw. spirituelle Krise. Auch er stand damals kurz davor sich das Leben zu nehmen, bis er eines Tages einen Lama vom Flughafen Tegel abholen musste und so fasziniert von ihm war, dass er ihm nicht mehr von der Seite wich. Ob ich nicht Lust hätte, ihn einmal zu

besuchen, die Landschaft sei sehr schön, es würde mir gefallen. Ich versprach in den nächsten Sommerferien zu kommen. Dann schaffte ich es nicht, bzw. hatte keine rechte Lust dazu und vertröstete ihn auf den nächsten Sommer.
Auch jetzt noch kam mir das Erlebnis mit seinem spirituellen Oberhaupt wie ein Traum vor. Am Tag nach der *Grande Initiation* der schönen Tulka saß ich im Garten einer Bekannten von Norman, die in der Nähe des Klosters Gästezimmer vermietete, als plötzlich ein Lied durch das offene Küchenfenster schallte. Den Titel des Sommerhits oder den Namen der Sängerin wusste ich nicht mehr. Ich hatte nur noch ihre jubelnde Stimme im Ohr - den Triumph einer glücklich Verliebten. Eine alte Legende über den Heiligensee erzählt von einer versunkenen Glocke, die nur bei bestimmten Anlässen erklänge. Die Glocke in mir antwortete auf den Sommerhit. Ich sprang auf, wollte dem Mont Ventoux mein Freudengeheul entgegenschleudern und durch den Garten wirbeln. Aber die anderen Hausgäste würden mich für verrückt halten. Also lief ich nur, getragen von dem frohlockenden Gesang, durch den Garten, starrte begeistert auf Blumen und Sträucher, die weißen Kühe hinter dem Zaun und in das makellose Blau des Himmels.

Bild 11. Stillleben

Für das Ende meiner bleiernen Jahre gab es kein konkretes Bild. Am besten passte vielleicht das Arrangement, das ich, einem Impuls folgend, auf meinem hellblauen Wohnzimmerboden ablichtete: Ein kleiner Ibis, eine Kupferschale, und ein Ring, in den ich eine Perle legte, weil ich dem Hellblau des Bodens und dem Goldton von Ibis, Schale und Ring etwas Weißes hinzufügen wollte. Hellblau, Gold und Weiß - das Zusammenspiel dieser drei Farben war für mich der Inbegriff eines harmonischen Raumes, seit ich einmal bei einem Urlaub in eine weiße Kapelle geraten war, vor deren Altar mit zwei goldenen Leuchtern ein paar hellblau gestrichene Holzstühle standen. Die Kapelle war

winzig, man ging von einem Ende zum anderen etwa sieben Schritte. Ich stand allein darin, von irgendetwas ergriffen und fragte mich, was mich so in den Bann zog. Das Einzige, was mir auffiel, war das Zusammenspiel dieser drei Farben: die Reinheit der weißen, frisch getünchten Wände, die goldenen Gegenstände auf dem Altar und das südliche Blau der einfachen Stühle. Es kam mir vor, als sei dieser Raum gerade erst renoviert worden und ich der erste, der ihn betrat.
Mein Gartenhaus hatte ich ebenfalls weiß gestrichen, im Wohnzimmer einen hellblauen Laminatboden verlegt und auf meinem Fensterbrett lagen diese kleinen goldenen Gegenstände - Ibis, Schale und Ring.
Während meiner täglichen Spaziergänge am See, traf ich oft auf den europäischen Verwandten des Ibis, einen Reiher, der reglos am Ende eines Bootssteges verharrte. Ich blieb gebannt stehen (mit Gänsehaut), bis mich das perlgraue Tier bemerkte, die Flügel ausklappte und über den See davonflog. Der Reiher schien so allein zu leben wie ich.
Der Ibis auf meinem Fensterbrett stammte von der Freundin eines Bekannten, die ihn mir bei einem Besuch in die Hand gedrückt hatte. Den hab ich in einem Laden gesehen und musste dabei an dich denken ... Tilla und die anderen um uns herum sahen überrascht auf. Ich kannte Vera erst seit ein paar Wochen, von meiner Abschiedsparty in Hamburg, bei der wir stundenlang auf meinem blauen Sofa gesessen und uns angeregt unterhalten hatten. Unsere spontane Nähe begründeten wir damit, dass wir aus dem gleichen Ort in Süddeutschland stammten, und uns der kühle Norden einfach nicht nahekam. Vera intonierte den vertrauten, schleppenden Singsang - *so isch´s worre* - und andere Redensarten, die ich fast vergessen hatte. Jemand machte ein Foto von uns. Darauf ich im Anzug (inzwischen trug ich schon lange keine mehr) neben Vera, deren lange muskulöse Beine unter einem Minirock hervorragen, beide entspannt lächelnd. Das eifersüchtige Gesicht ihres Freundes, als sie mir beim nächsten Besuch diesen kleinen Ibis überreichte ... Das Geschenk, für das es keinen Anlass gab, wirkte ungebührlich. Sie registrierte es, beharrte aber auf ihrer Geste. Vielleicht,

ging es mir durch den Kopf, kennen wir uns aus einer Zeit, in der die Magie des Ibis noch gewirkt hat.
In der Wölbung der kleinen Schale, die ich neben den Ibis stellte, war ein eingraviertes Piktogramm desselben Tieres. Die hab´ ich beim Ausmisten deines Zimmers gefunden, sagte Lotte bei einem meiner sporadischen Besuche. Die mochtest du doch so gern.
Ich nahm sie zögernd entgegen, bis die Erinnerung wieder in mir aufstieg: Ja, darin hatte ich meine winzigen Plastikindianer aufbewahrt, die zu einem Spiel gehörten.
Meine sonst so herbe, resolute Stiefmutter hatte tatsächlich etwas wahrgenommen, was mir wichtig war.
Der Ring mit dem Perlmuttstreifen gehörte für mich zu den Dingen, die man in jeder neuen Wohnung wieder auf seinen Hausaltar legt. Er entsprach zwar nicht meinem Stil, aber die Art, wie Vater ihn mir gab, wirkte seltsam bedeutungsvoll. Kurze Zeit danach starb er und der Ring erhielt einen Ehrenplatz. Die Perle, die ich für das Foto hineinlegte, war das i-Tüpfelchen meines Arrangements. Im Lauf meiner vielen Umzüge ging sie verloren. Aber vielleicht war sie auch überflüssig geworden, nachdem sie ihre (symbolische) Aufgabe erfüllt hatte ... An Ostern 2004 war ich durch den Wald zum kleinen Havelstrand geschlendert, stand neben einer Weide, die ihre hellen Zweige ins Wasser tauchte, warf einen Forsythienzweig hinein und flehte wieder einmal: Lasst meine Tillamania endlich davonschwimmen!
In der Nacht träumte ich.

Ein sonniger Samstagnachmittag am Schlesischen Tor. Ich laufe Richtung Mauer. Auf dem Bürgersteig türkische oder arabische Männer, die geschorene Lämmer an der Leine führen. Auf ihrer durchsichtigen Haut sind Blutspuren. Da fällt mir ein, dass sie morgen, an Ostersonntag, geschlachtet und verzehrt werden. In dem Moment kommt ein Wolf auf mich zu und beschnuppert mich gierig. Voller Angst halte ich mir ein weißes Tuch vors Gesicht.
Nach einer Weile lässt der Wolf von mir ab. Ich gehe weiter bis zu dem Haus, in dem ich meinen Rucksack zurückgelassen habe. Als ich die Wohnung betrete, hockt ein Kind davor. Es hat

ihn ausgeräumt und bunte Stoffe hineingestopft. Erschrocken suche ich in der Vordertasche nach meinem Geldbeutel und Ausweis. Gott sei Dank sind sie noch da. Der Rest ist verschwunden, ich weiß nicht mehr, was es war. Dann verlasse ich das Haus wieder. Auf der Straße spielen Kinder. Ich gehe auf einen übergewichtigen, unglücklich wirkenden Jungen zu und nehme ihm seine Halskette mit einem eingravierten Symbol ab. Aber, was soll ich jetzt machen? protestiert er, alle tragen diese Karma-Marke! Ich laufe ungerührt weiter, bis zu einer heruntergekommenen Gegend an der Mauer. Als ich das Tor darin öffnen will, ist es verschlossen.
Wie komme ich wieder hier raus?
Auf der anderen Seite, sagt jemand.
Ich laufe durch den Wald bis zur gegenüberliegenden Seite der Mauer. Hinter einem schmiedeeisernen Tor sieht man ein Viertel mit weißen Villen unter hohen alten Bäumen. Ich taste über den Mauerrand und finde einen Schlüssel mit einem Federbusch am Griff. Der Schlüssel passt nicht. Ich suche weiter. Da finde ich den richtigen Schlüssel.
Endlich komme ich hier raus!

Und, was kommt jetzt? fragte Claudia, meine Therapeutin, bei unserer nächsten Sitzung.
Der Frühling, die Welt ... Sie war zu mir gekommen.

Bild 12. Rückkehr

Die ebenerdige Terrasse meiner neuen Wohnung auf der Hochebene von Tingen. Die beiden Gartenstühle und das weiße Tischchen darauf sehen aus, als stünden sie mitten in der Frühlingslandschaft, der Baumwiese, den Butterblumen und flauschigen Löwenzahnköpfen.
Am Horizont die graublauen Berge.
Über der Wiese liegt ein weiches Licht.
Ich hatte es getan. Wenn auch eine Fügung meinem langen Zögern nachhelfen musste. Als ich im Sommer 2003 mit Andreas über meine Rückkehr sprach, hoffte ich noch, meine Einsamkeit durch unser Zusammenleben in dem vertrauten Städtchen aufzuheben. Dann wurde das Heckengässle verkauft und Andreas zog zu seiner neuen Liebe. Der nächste Hausbesitzer renovierte das alte Gebäude nur notdürftig, setzte seine Verwandtschaft in unsere frühere Wohnung und vermietete die restlichen Zimmer überteuert an Studenten. Eines davon hatte ich mir als Zweitdomizil reserviert.
Im Februar 2005 saß ich in dem kargen, mit einer mönchischen Schlafzelle versehenen Raum am Schreibtisch. Es schneite ununterbrochen. Aber ich fühlte mich nicht mehr wohl in dem einst so geliebten Haus. Vor mir waren zwar immer noch der alte Brunnen und die Gaslaternen, die nachts in mein Fenster schienen, doch die schludrige Eilrenovierung hatte die alten Hausgeister vertrieben. Es schneite und schneite, was der Gasse einen winterlichen Charme verlieh, der meinen Fensterarbeitsplatz verschönte, aber ich studierte schon die Wohnungsanzeigen der Lokalzeitung. Eine "moderne Zweizimmerwohnung im Grünen" hatte es mir angetan. Als ich sie besichtigte, war ich überwältigt - sie bestand nur aus Glas und Schneelandschaft.
Am nächsten Tag unterschrieb ich den Mietvertrag.
Jetzt hatte ich eine Wohnung, die ich mir nur leisten konnte, wenn ich mein Gartenhaus am Heiligensee aufgab. So fügte ich mir meine Rückkehr zu.
Auf dem Foto ist niemand zu sehen. Aber die bequemen Gartenstühle laden jeden ein, doch unter der überdachten

Terrasse Platz zu nehmen, die mit ihren Holzpfeilern an das Tor eines Shintoschreins erinnert.

Fragt ein Fremder in einer fremden Stadt einen Fremden um irgend etwas, was ihm fremd ist, so sagt der Fremde dem Fremden, das ist mir leider fremd, ich bin hier nämlich selber fremd.

Mein Lieblingssatz von Karl Valentin hatte seine Wirkung verloren.

II. SANNE

Bild 1

Das früheste Foto, das ich von ihr besaß, zeigt sie noch als Kind. Da kannte ich sie noch gar nicht. Hatte sie es mir geschenkt, oder habe ich es ihr aus einem Fotokarton geklaut?
Sanne mit dichtem blondem Haar, das ihr über die Stirn fällt, und – ja Dirndl. Urdeutsch, idealdeutsch. Zehn Jahre alt, ungefähr. Ihr Mund ist ernst, die hellblauen Augen wirken abwesend, fast traurig. Auffallend sind ihre dunklen, fein gezeichneten Augenbrauen und Wimpern, die die Harmonie ihrer Züge betonen, oder sie sogar bewirken. Aufgewachsen mit drei Schwestern in einem Allgäuer Fabrikantenhaushalt. Sie, die älteste, sollte eines Tages die Firma übernehmen.

Bild 2

Dann sie, etwa sechzehn, groß gewachsen, in einem kurzen, beigefarbenen Cordjäckchen und schwarzer Hose, im Freien. Sie schiebt sich das windzerzauste Haar aus der Stirn und hält mit der anderen Hand einen riesigen schwarzen Hund am Halsband fest, der ihr bis zur Hüfte reicht. Ein Schnappschuss. Sie wirkt überrascht. Der Hund und sie stehen auf einem Hügel, dahinter ein Zaun, Stacheldraht. Über ihnen weißgrauer Himmel mit blauen Wolkenfetzen.

Bild 3

Die erste Aufnahme, die ich von ihr machte. Wieder liegt sie, jetzt eine junge Frau, auf einer Wiese an einem See. Auf einer Luftmatratze an einem südfranzösischen See. Ich weiß nicht mehr, an welchem. Irgendwo in der Camargue. Vielleicht war es auch an einem Seitenarm der Rhone. Auf der Rückseite gibt es keine Angaben, damals interessierten wir uns nicht für Daten.

Unser erster gemeinsamer Urlaub. Mit dem 2CV und einem Zelt. Wir campten wild.

Sanne blickt in die Kamera, sieht mich an, das Gesicht halb unter ihrer blonden Mähne versteckt, der dunkle Nickipullover über die Hüfte gerutscht, darunter wieder schwarze Hosen.

Dieses Bild besaß ich zweimal. Eines davon hatte ich in meinem Geldbeutel herumgetragen. Sanne wirkt in ihrer morgendlichen Aufgelöstheit und ihrem herausfordernden Blick unter den dunklen Augenbrauen (das Bild ist schwarzweiß) ungeheuer sexy. Hatten wir dieses Wort damals schon benutzt? Jedenfalls trug ich dieses Bild lange mit mir herum, stolz darauf, dass diese verführerische Person *mein* war.

Wir hatten zwei Autositze herausgeschraubt und auf die Wiese gestellt. Auf dem zweiten graukörnigen Foto sitze ich auf einem der Autositze, liege fast darin, die Hände über dem Bauch verschränkt, irgendwohin sehend. Schwarzer Rolli, Jeans, nackte Füße. Ein Bein nach vorn gestreckt, das andere aufgestellt.

Wir wirken seltsam verloren an diesem Campingmorgen, mit unseren herumliegenden Sachen, der zusammengerollten Zeltplane über der Haube des 2CV, dessen eine Tür offen,steht, der zusammengeknüllten Luftmatratze davor, dem alten karierten Koffer neben dem dunkelgrauen Autositz (auf dem ich träume), dem anderen Autositz mit den darauf

liegenden Klamotten oder Decken, von dem Sanne wohl gerade aufgestanden war, um mich zu fotografieren. Warum sehe ich nicht in die Kamera und lächle, wie es sich gehört? Hatte ich nicht mitbekommen, dass sie mich fotografierte?
Auch auf den anderen Fotos, die ich von diesem und unserem nächsten Südfrankreichurlaub besaß (beide Urlaube waren in meiner Erinnerung zu einem verschmolzen), lächelt keiner von uns, immer blicken wir ernst, ja traurig in die Kamera, bzw. in die Gegend. Man könnte meinen ein Fotograf oder Regisseur habe diese beiden jungen Leute dorthin platziert, um Sagans *Bonjour Tristesse* oder Camus´ Existenzialismus in schöne Bilder umzusetzen (es war tatsächlich die Zeit, in der wir diese Autoren lasen). Sie tun mir fast leid, diese zwei jungen Menschen, deren Schönheit (ja, sie waren schön) ihnen nichts nutzte. Oder waren wir etwa nicht auf existentielle Weise unglücklich, sondern hatten einfach nur eine unglückliche Beziehung? Nein, ich war damals hocherfreut Sanne an meiner Seite zu haben. Meine erste Liebe hätte ich mir nicht schöner, interessanter wünschen können. Sie übertraf meine sämtlichen Erwartungen.
Vielleicht waren wir auch, damals an diesem Campingmorgen, nur erschöpft von der Reise, von der Nacht im Zelt, auf dem harten Boden. Jetzt fiel mir wieder ein, dass wir in Pullover und Jeans geschlafen hatten, weil es nachts kalt war, und ich morgens zerschlagen und müde aufwachte, es im Zelt immer heißer wurde, ich aber weiterschlafen wollte, mich hin- und her wälzte in dem stickigen engen Raum, schwitzte, kaum Luft bekam, und zermürbt gegen halb zwölf aus dem Zelt kroch.
Sanne, wie sie da liegt, in ihren warmen Klamotten auf der Luftmatratze mitten auf der Wiese, sieht auch ziemlich fertig aus. Dieses morgendliche, stickige verschwitzte Gefühl war das Einzige, was in meiner Erinnerung noch präsent war. Alles andere, die schöne Sanne, unsere Südfrankreichfahrt, unser erster gemeinsamer Urlaub, waren nur noch

zweidimensionale Fotoumrisse, die sich nicht mehr zu einer Empfindung öffneten. Und doch war dieser Urlaub so real wie das Autokennzeichen auf Sannes Deux Chevaux: WG-W-210. Warum war nur noch dieses Hin- und Hergewälze, dieses morgendliche Nichtaufstehenwollen in meinem Gedächtnis? Weil es all die Jahre danach genauso war: Ich wollte morgens nie aufstehen, wollte mich immer weiter im Bett, unter der Bettdecke verkriechen, träumen. Und selbst Sanne, auch wenn sie eine Märchenprinzessin war, änderte daran nichts. Sie schien von der gleichen Stimmung erfasst, wirkt skeptisch, fast ratlos, so als verstünde sie nicht, was das soll, diese ganze Zukunft, die vor uns lag wie eine Drohung.

Bild 4 - 9

Doch, es gab auch andere Fotos. Eine Automatenserie aus sechs Schwarzweiß-Bildchen, für die wir uns in eine Kabine quetschten, die Wangen aneinander gepresst. Sie kneift (auf den ersten beiden Bildern) verschmitzt die Augen zusammen, während ich noch verhalten lächle. Dann öffnet sie die Augen, hält ihr Gesicht neben meinem bewusst in die Kamera, und bei den letzten beiden Aufnahmen zeigen wir, rückhaltlos lachend und strahlend die Zähne.
Eines dieser beiden Automatenbilder bewahrte ich ebenfalls in meinem Geldbeutel auf, betrachtete es immer wieder erstaunt, diesen entspannten, glücklichen Aron, diese Sanne, die ihr Gesicht vertrauensvoll und zufrieden an meines drückt.

Bild 10

Sie wollte auch intellektuell aussehen und trug ab und zu, zum Spaß, eine Nickelbrille (ohne Gläser). Das Image der schönen Frau passte ihr nicht, sie wollte auch als klug und gescheit gelten, wollte mitreden in den Seminaren, in denen es fast nur um Gesellschaftskritik ging, und in den marxistischen Zirkeln, die schwere Kost boten. Als wir (Anfang der 1970er Jahre) unser Studium begannen, hatten wir uns für verschiedene politische Gruppen entschieden, sie für die "Internationalen Trotzkisten“, ich für die "Liga gegen den Imperialismus", einem Auffangbecken des Kommunistischen Studentenverbunds.

Auf den beiden Nahaufnahmen, die Sannes Gesicht und ihren Halsansatz zeigen, blickt sie ernst in die Kamera, die vollen Lippen trotzig aufgeworfen, die großen hellblauen Augen unter der Spaßbrille umschattet, fast als hätte sie geweint, und, das entdeckte ich erst jetzt, bei genauerem Hinsehen, mit leicht herabhängenden Augenwinkeln.

Auf dem andern Foto kokettiert sie mit ihrer Kommunardenbrille, guckt versuchsweise schelmisch über das auf die Nase geschobene Gestell. Sie konnte, kompliziert und ziemlich unverständlich, über linke Theorien reden, übernahm aber nie eine Aufgabe in einer politischen Organisation, war schon wieder weg, wenn es ernst wurde. *Mit zu flachem Hinterkopf angetreten*, sagte sie manchmal. Der Spruch stammte aus ihrer Internatszeit, war Teil des Gruppenjargons, mit dem sich die SchülerInnen gegen den Ernst des Lebens über Wasser hielten. Ihre Internatsfreundin Erna, die ab und zu auftauchte, nannte sie vertraulich Sannele. Wenn die beiden zusammen waren, fühlte ich mich ausgeschlossen.

Es gab noch andere Sprüche, die Sanne von sich gab. Jetzt hörte ich sie wieder, ihre warme Stimme mit diesem eigentümlichen, sanft-ironischen Unterton. *Des goht idde* (oder so ähnlich). Allgäuerisch. Es klang, als spiele ihre Zunge mit den Vokalen und Konsonanten.

Bild 11

Auf dem einzigen Alltagsfoto, das ich von ihr hatte, war sie zwanzig Jahre älter. Sie steht in ihrem gut ausgestatteten Wohnzimmer in Berlin-Charlottenburg und zeigt Tilla, wie frau einen Golfschläger hält. Inzwischen ist Sanne verheiratet, hat ein Kind und ihre eigene Firma (die Fabrik ihrer Eltern wollte sie nicht übernehmen). Und ich bin ihr neuer Vertriebsmann, der mit seiner Freundin sonntags zum Essen eingeladen wird.
Sannes jetzt aschblondes Haar ist kurz geschnitten, ihre Gesichtszüge immer noch klar, harmonisch. Sie trägt ein gebügeltes Poloshirt und eine dunkle Stoffhose. Ihr früher schon leicht fülliger Körper ist breiter geworden. Konzentriert, und wie immer sanft-ironisch, zeigt sie Tilla, wie sie ausholen und auf einen imaginären Ball schlagen soll. Tilla zieht ihre Jeans über die mageren Hüften und lacht.
Eines Tages, zwischen unserem Alltag im Studentenwohnheim, Uni-Seminaren und Szenekneipen, hatte ich zu Sanne gesagt (es fiel mir schwer): Ich habe mich in eine andere verliebt, ich gehe.
Fünf Jahre waren wir da zusammen. Wo sagte ich es ihr? Aßen wir gerade irgendwo eine Pizza? Jetzt fiel mir wieder ein, dass es jedes Mal ein Fest war, zusammen essen zu gehen. Eigentlich konnten wir es uns nicht leisten und meistens bezahlte Sanne, die die wohlhabendere war. In Südfrankreich hatte es einmal eine Situation gegeben, in der wir überlegten: Hotel oder Essen gehen? Wir blieben im Zelt und tafelten aufwendig französisch, mit allem Drum und Dran, unglaublich vielen Gängen. Danach fühlte ich mich voll

gestopft und fragte mich, ob eine Übernachtung in einem weichen, frischbezogenen Hotelbett nicht schöner gewesen wäre. Die Rechnung war so hoch wie zwei Übernachtungen. Hundertfünfzig Franc oder so. Diese Zahl spukte noch in meinem Kopf herum. Inzwischen konnte ich nicht mehr nachvollziehen, dass Essengehen etwas Besonderes gewesen war. Es gab da eine, jetzt geschlossene Tankstelle an der Ausfallstraße Richtung Bachnau, an der ich jedes Mal, wenn ich vorbeifuhr, erstaunt auf einen grauweißen Verschlag blickte, in dem früher eine kleine italienische Pizzeria oder Trattoria war, die irgendetwas mit *Glück* zu tun hatte, mit Vorfreude auf ein Essen (Spaghetti Bolognese vielleicht, immer noch eines meiner Lieblingsgerichte), oder auf die Kombination: Mit der Geliebten etwas Köstliches zu sich nehmen. Etwas in der Art. Es ließ sich nicht fassen. Ich hatte keine Szene mehr im Kopf, keine Details, nur die Erinnerung an ein angenehmes Bauchgefühl. Später, wenn ich daran vorbeikam, wunderte ich mich, dass ein so unscheinbarer, hässlicher Ort etwas mit Glück zu tun hatte.

Nein, es war nicht in einem öffentlichen Raum, als ich es Sanne sagte. Und in ihrem möblierten Zimmer in Retingen waren wir praktisch nie. Sanne war mehr oder weniger bei mir eingezogen. Es muss in meiner Wohnheimbude gewesen sein, einem 12 qm-Schlauch mit Fensterfront. Zum Sitzen gab es nur ein schmales Bett hinter einer Sperrholzplatte, die das Waschbecken verbarg.

Sie hatte mich gefasst angesehen: Schön, dass du mir das so klar und deutlich sagst. Alle Achtung!

Diese Reaktion hatte ich nicht erwartet, dachte, es würde ein Drama geben.

Das war mir im Gedächtnis geblieben, ihr Lob über meine Aufrichtigkeit. Sie zeigte kein Bedauern, keinen Schmerz. Bewunderte sie mich etwa, weil sie den Absprung nicht selbst geschafft hatte? Es muss so gewesen sein, das fiel mir erst jetzt auf. Sie traf nie schmerzhafte oder trennende Entscheidungen. Das lag ihr nicht.

Nachdem vom erotischen Vergnügen mit der Frau, wegen der ich Sanne verlassen hatte, nur Überdruss geblieben war, und ich Sanne wieder einmal besuchte (wir besuchten uns weiterhin), wollte ich sie zurückhaben. *Meine* Sanne. Sie schüttelte den Kopf. Sie hatte die Freiheit entdeckt, die Freiheit mehrerer Beziehungen, besser gesagt, Abenteuer. Sie war immer neugierig auf andere Männer gewesen. Mehr als neugierig. Sie war auch die erste, als wir noch ein studentisches Paar gewesen waren, die ein Techtelmechtel mit einem Genossen ihrer Polit-Gruppe anfing. Ein Kuss zum Abschied für Harry, den schönsten Mann und Chef der Trotzkisten. Auf den Mund, wie sie mir eines Tages gestand.
Das ist gemein, das ist unfair, das ist ... Ich kam mir bescheuert vor mit meiner unverlangten Treue. Und dann kam dieses unsägliche Wochenende, an dem ich, unbewusst mal wieder, Nägel mit Köpfen machen musste.

Sanne war mit dem Vorschlag nach Hause gekommen, mit Harry und seiner Freundin Gerda, mit denen wir abends ab und zu etwas trinken gingen, ein paar Tage in einem Naturfreundehaus auf der Schwäbischen Alb zu verbringen. In meiner Erinnerung fand ich einen Hügel mit einer braunen Blockhütte. Das Erdgeschoß bestand nur aus einer Wohnküche, im oberen Stock waren die Schlafgelegenheiten. Ich fand alles spießig, fühlte mich fehl am Platz, hatte nur zugestimmt, um nicht als Spielverderber zu gelten.
Der Morgen nach unsrer Ankunft. Der Himmel in den zwei großen Fenstern am andern Ende des Raumes war grau. Gestern Abend, als wir zu Bett gingen, hatte ich mich überrumpelt gefühlt. Warum hatte mir niemand erzählt, dass es nur einen Schlafraum gab? Meine Abneigung, mich vor Fremden auszuziehen, war nicht zeitgemäß. Also machte ich

gute Miene zum unguten Spiel und war schnell neben Sanne in das Bett an der Wand geschlüpft.
Wo ist sie eigentlich? Der Platz neben mir war leer.
Guten Morgen! Gerdas Wuschelkopf grinste aus dem Bett neben mir. Der Platz an ihrer Seite - auch leer.
Wo sind denn ...?
Harry und Sanne sind schon runter zum Frühstücken.
War ich in einen Hinterhalt geraten?
Na, gut geschlafen?
Konversation von Bett zu Bett. Die Marionette antwortet. Plötzlich landet Gerda mit einem Schwung auf mir, zieht mir die Schlafanzughose herunter. Jetzt alles ohne Ton. Die Marionette macht mit. Da geht die Tür auf. Stimmen. Plötzlich Stille. Sanne und Harry stehen da wie Salzsäulen.
Nein, schreit Harald jetzt, ich bring sie um!
Gerda springt aus dem Bett, rennt zu ihm, umarmt ihn, murmelt etwas Beruhigendes. Sanne macht auf dem Absatz kehrt und verschwindet. Zitternd ziehe ich mich an und renne Sanne hinterher. Im Erdgeschoß ist sie nicht, auch nicht im Waschklo. Ich renne vors Haus. Niemand zu sehen. Nach Stunden kommt sie aus dem Wald getrottet, will nicht darüber reden. Auch später nie.

Nach dem Sonntagsbesuch in Berlin bei der inzwischen verheirateten Sanne stellte Tilla fest: Man spürt immer noch eure, auch körperliche Vertrautheit.
Ja, Sanne war meine *Erste* gewesen. Die erste Frau, von der ich restlos überzeugt war, die erste, mit der ich geschlafen hatte ...

Wir waren zu ihr nach Hause gefahren. Grashügel und Kühe. Die elterliche Textilfabrik gleich neben dem neuen Einfamilienhaus. Der Vater eine gemütliche Autorität, die Mutter wuselte rufend durchs Haus. Sannes altes Zimmer, nicht groß, hell. Die grüne Landschaft durchs offene Fenster.

Die Möbel braun, orange, praktisch. Am nächsten Morgen, alle waren schon zur Arbeit oder zur Schule, musste es geschehen. Sie schrie vor Schmerzen.
Soll ich aufhören?
Weiter, sagte sie mit zusammengebissenen Zähnen, wollte es hinter sich bringen, wollte, dass *ich* es war, bevor sie es mit einem andern tun müsse.
Ich wollte ihr nicht wehtun, hatte sie aber schon öfter sanft gedrängelt. Danach war das Laken blutig.

Wir waren mühelos zur Freundschaft übergegangen. Aber, als ich drei Jahre nach dem Wohnzimmerfoto in Charlottenburg, meinen Job bei ihr wieder kündigte, warf sie mir vor, ich ließe sie im Stich.
Auch in den Jahren nach unsrer Trennung, in denen wir uns immer wieder trafen, war sie *meine Sanne*. Hätte ich je ernsthaft heiraten wollen, dann sie.
Nach dem Studium war sie mit ihrem neuen Freund nach Berlin gezogen. Jetzt gab es nur noch Kurzbesuche in meiner WG in der Marktgasse oder Stippvisiten in ihrer Kommune in Berlin. Als sie auch dort auszog und heiratete, brach unsere Verbindung ab.
Wir hatten uns getrennt, weil wir neue Erfahrungen suchten. Erotische natürlich. Sannes erotische Biografie kannte ich nicht. Ob sie sie mir erzählen würde? Sie war immer ehrlich, auch sich selbst gegenüber. Hatte sie Höhepunkte, selbstvergessene Auflösung erlebt? Ihre Männer waren meist von der aufregenden Sorte (sollte ich mich dazu zählen?), bevor sie heiratete.

Hamburg, 1989
Lieber Aron!
Ich wollte Dich gern mal wieder sehen und ein bisschen reden und gucken, was Du machst und überhaupt. Bin leider nur

heute hier und ruf Dich heute Nachmittag nochmal an! Wär schön, wenn es klappen würde. Ganz lieber Gruß, Sanne

Bei ihrem Besuch hatte sie von ihrer Firma in Westberlin erzählt, die sie jetzt, nach dem Fall der Mauer, nach Ostberlin erweitern wollte. Ob ich nicht Lust hätte bei ihr zu arbeiten. Dann folgte eine Einladung auf einen Golfplatz.
Pfingstsonntag, einer der ersten warmen Tage. Auf der Driving Range mussten Tilla und ich zuerst die Grundhaltungen einüben. Beine leicht eingeknickt, aber fest auf dem Boden, Körper etwas nach links gedreht, kräftiges, weites Ausholen mit beiden Armen und - wenn möglich - Treffen des winzigen Balls. Sanne erläuterte uns die Regeln, ernsthaft, hingebungsvoll. Tilla, bisher nur begeisterte Golferin beim Computerspiel, hörte ihr aufmerksam zu, bemüht, das Spiel so schnell wie möglich zu beherrschen. Bei mir kamen Sannes Anweisungen nur undeutlich an, wie durch eine Nebelwand. Auf technische Erklärungen konnte ich mich noch nie konzentrieren. Trotzdem brachte ich erstaunlich kräftige Treffer zustande. Sanne lobte mich und schenkte mir einen Ball. Wir wanderten über die Abschlagplätze, liefen über hellgrüne Hügel, an kleinen Seen und Wäldchen vorbei. Sanne spielte, schoss oft daneben, blieb aber gelassen. Tilla unterhielt sich mit ihr über die Regeln, durfte hier aber nicht spielen. Sannes Mann Karl murmelte, er habe seit Jahren nicht mehr geübt und trug die ganze Zeit über eine Stange mit roter Fahne, die das Ziel markierte. Nach drei Stunden hatten wir sämtliche Spielfelder hinter uns gebracht. Die schöne Anlage, das Vogelgezwitscher und die laue Luft hatten mir gut getan. Danach saßen wir unter Bäumen bei Kaffee und Kuchen und plauderten, bis betretene Stille eintrat. Sanne und Karl wirkten angespannt.

Die Zweigstelle in Ostberlin und der Verkauf dort müssen jetzt laufen, begann Sanne mit zusammengepressten Lippen. Die Sache duldet keinen Aufschub mehr.
Erwartungsvolles Schweigen. Würde ich den Vertrieb übernehmen und mit ihnen den neuen Laden aufbauen? Sannes bisher eher vages Angebot kam drohend auf mich zu.
Ist das mit dem Händlervertrag schon geregelt, fragte ich, um Zeit zu gewinnen.
Von dieser Seite gibt´s keine Probleme mehr.

Willst du wirklich *verkaufen*? fragte mich Tilla später, beim Abendessen. Ja, antwortete ich spontan und wunderte mich über meine Antwort.
Als meine bisherige Firma die Probezeit nicht verlängerte, rief ich Sanne an: Okay, ich mach´s.
Karl, der meinen Einstieg eher zähneknirschend akzeptiert hatte, begann bald gegen mich zu intrigieren. Aber Sanne, die die Vorbehalte ihres Mannes ignorierte, bot mir sogar die Prokura und eine Firmenbeteiligung an. Inzwischen zeigte sich aber auch ihre cholerische Seite, die ich bisher nur geahnt, und die in unsrer Liebesbeziehung nie zum Ausbruch gekommen war.
Die Goldgräberstimmung nach der Wiedervereinigung flaute schon bald wieder ab. Nach zwei Jahren hatten sämtliche Grafikabteilungen der übrig gebliebenen und der wenigen neu gegründeten Firmen Ostberlins ihren Apple-Computer samt teurem Grafikzubehör, und die Händler mussten angesichts der rasanten Marktentwicklung ihre Gewinnmarge mit der Lupe suchen. Sanne und Karl konnten unsere Gehälter nicht mehr zahlen. Ich war in eine große Altbauwohnung in Kreuzberg gezogen, brauchte das Geld und sah mich nach einer neuen Stelle um. Aber mein Abgang war nicht ganz koscher. Empört, weil ich keinen Lohn mehr bekam und Sanne, die nur noch gestresst und verstockt herumlief, keine Anstalten machte, darüber zu reden, behielt

ich einfach den teuren Vertriebslaptop. Später überwies sie mir doch noch meinen Lohn und der Laptop war gestohlenes Firmeneigentum. Erst Jahre später, als sie mich in meinem Gartenhaus am Heiligensee besuchte, schaffte ich es, meinen Diebstahl anzusprechen und bot ihr an, den Gegenwert zurück zu zahlen.
Du schuldest mir gar nichts, sagte sie.
Wir stapften an der Sanddüne entlang, ich spürte ihren großen weichen Körper dicht neben mir, ihre Bereitschaft mich zu umarmen, rührte mich aber nicht.
Nachdem sie gegangen war, saß ich auf meiner Couch, hörte Musik, kam mir tot und leer vor. Sanne dagegen ... Ihre Lieblingsband sei 2Raumwohnung. *Weil es Liebe ist* - der hidden track, ich schenk es dir.
Hatte ich richtig gehört? An einem der folgenden Tage lag ich auf der Liege von Claudia. Als sie mir die Hand auflegte, ihre Wärme auf mich überging, mir immer leichter wurde, alles in und außerhalb von mir zu sprühen begann, verstand ich plötzlich: *Das! Genau das!* Ich bin tot, wenn ich *das* nicht habe!
Claudia forderte mich auf, mir Sannes Besuch, von dem ich erzählt hatte, noch einmal vorzustellen. Plötzlich wusste ich, wie es *hätte* ablaufen können: Ich hätte alles wahrgenommen, gespürt - ohne Grenzen.
Ein Jahr später zog ich zurück nach Süddeutschland. Sanne bekam ihr zweites Kind und gründete eine neue Firma.

Berlin, 2005
Lieber Aron,
schön zu hören, dass du dich in Tingen wohl fühlst. Ich war im Sommer auch mal wieder im Süden (Familientreffen auf der Alb), wir waren auch auf dem Schloss und im Mauldäschle. So viele Erinnerungen.

Ansonsten immer noch viel Arbeit, es läuft ganz gut. Gerade waren wir wieder zwei Wochen in Miami. Ich hatte wirklich Urlaub nötig.
Mal sehen, wie alles weitergeht. Irgendwie möchte ich mich so gerne fühlen, dass ich nicht weiß wie, dass alles offen ist, alles möglich, immer noch.
Liebe Grüße, Sanne

III. TILLA

Tingen, 1985. Sie kam die Gasse hinunter, dreifach, drei Freundinnen. Langes braunes Haar, graziös, laut lachend. Spätnachmittag in der kleinen Stadt, abebbende Hitze, staubige Luft, Leute, die einkauften, Kaffee tranken, auf den Stufen der Stiftskirche herumsaßen. Jungstuten, sagte ich zu Andreas, fand sie aufregend und abstoßend zugleich, die in der Mitte, die mit der lautesten Lache.

Im Clubhaus spielte fast jeden Abend eine Band, damals machten alle Musik. Sie stand auf der Bühne und sang. Später spielte sie nur noch Keyboard. Warum sie das Singen aufgab, wollte sie nicht sagen. Sie war die Bandleaderin, erfand die Melodien, die Texte. *Sentimental Mood, Gorbatschow, Magnetic dreams.* Ich stand mit Bierflasche und Zigarette in der Menge. Der Raum war dunkel, Rauchschwaden, der Geruch von verschüttetem Bier. Sie hüpfte mit ihren langen Beinen über die Bühne. Ihre volle Altstimme brachte den Raum zum Schwingen. Die Menge schrie nach Zugabe. Ich schrie mit.

Sie wollte bei mir ihren Whisky bezahlen. Ich stand hinter der Theke des Arse, winkte ab. Sie bedankte sich überrascht, verschwand wieder.
Zur Sperrstunde zog sie mit ihrer Clique weiter, hinterließ eine Leere, die wehtat. Nach Feierabend ging ich mit meiner Freundin Hanna zu einem Absacker in den *Stern*. Als auch diese Kneipe schloss, verabschiedete sich Hanna von ihren MusikerkollegInnen am Nebentisch, bekam einen Kuss von Tilla. *Ich auch*, hörte ich mich sagen. Die lange Dunkelhaarige stutzte, sah Hanna fragend an. Hanna nickte, was blieb ihr anderes übrig. Tilla (ich kannte ihren Namen vom

Hörensagen) kam langsam auf mich zu, konzentrierte sich, holte tief Luft, wie vor einem Sprung – dann spürte ich ihre Lippen, weich und mit viel Nachdruck.

Sie lief hinter mir. Durch den Botanischen Garten in Richtung Innenstadt. Meine Ohren wurden heiß in der Nachmittagssonne. Jetzt war sie neben mir, begrüßte mich. Röte kroch mir den Hals hoch, bevor sie mein Gesicht erreichte, bog Tilla ab.
Dass du rot geworden bist, sagte sie später. Das hat mich gerührt.

Silvester. Ihre Band spielte im Arse. *Verführ mich*, sang sie und warf mir eine Kusshand zu. Meine Hand winkte zurück. Später stand ich mit Freunden auf einer Terrasse. Schnee auf der Stadtmauer gegenüber. Böllerschüsse, anstoßen. Aufregung in meinem Bauch. Etwas würde geschehen im neuen Jahr.

Sie schob sich neben mich auf einen Barhocker. Zum ersten Mal sprachen wir miteinander. Die Kneipentür hinter uns ging auf und zu, eisige Luft, die hereindrang, Rufe, An- und Abfahrten. Als sie zur Toilette ging, blickte ich ihr nach. Ihr Po in den engen schwarzen Hosen, ihre Oberarme im ärmellosen schwarzen T-Shirt – etwas an ihr war atemberaubend lebendig, sprang auf mich über. Wir verabredeten uns. Den Bierdeckel, auf den sie ihre Telefonnummer gekritzelt hatte, besaß ich immer noch.

Ich wartete über eine Stunde, rief sie an, beschwerte mich.
Aber heute ist doch erst ..., sagte sie.
Am nächsten Abend, dem richtigen Abend, kam sie. Pünktlich um Mitternacht, meinem Feierabend. Ich war erschöpft von der Menge, die vor der Theke ununterbrochen nach Bier geschrien hatte.

Sie trug einen dunklen Anzug mit hellen Streifen und Punkten. Eine Gepardin auf der Jagd. Wir tranken Bier, gingen zu mir, kifften, schliefen miteinander.

Jetzt stürzten wir uns jede Nacht ineinander. Eines Abends klingelte Hanna. Ich öffnete. Die beiden Frauen saßen an meinem Tisch und verhandelten. Im Morgengrauen schlief ich ein. Die beiden gingen. Nach einer halben Stunde war Tilla wieder da, sie hatte Hanna ausgetrickst.

Tilla Schuster war die Geliebte in einer Ménage à trois mit ihrer besten Freundin und deren Freund. Mit dem Freund ging sie ins Bett, neben der Freundin schlief sie ein. Inge war blass, belesen und pedantisch. Was Tilla an ihr fand, war mir ein Rätsel. *Napoleon* nannte mich Inge - so kam ich ihr in meinem Tilla-Feldzug vor. Der Freund fand es gar nicht komisch, dass ich ihm seine Gespielin nahm, floh aus der Stadt. Inge arrangierte sich. Hanna trank sich fast zu Tode.

Tilla trug Anzüge im New-Wave-Stil. Ihr Haar war meist ungewaschen. Wenn ich in ihre dunklen, weit auseinander stehenden Augen sah, verlor ich mich wie in einem nächtlichen See. Nur wenn wir miteinander geschlafen hatten, schimmerte ein sanfteres Licht darin. Ihre herzförmige Oberlippe war ein begehrlicher Babymund. Alles an ihr war schnell, ihre langen muskulösen Beine, ihre Hände, die jeden berühren, ihr Geist, der alles erfassen wollte.
Sie zog zu mir in die Heckengasse. Sie wolle, sagte sie, diese Liebe auskosten bis zur bitteren Neige.

Tingen, September 1987

Geliebter Aron, Liebster!
Ach, ein harscher Marsch durch die Wüstenei ist das Alleinsein. In der Nacht zumal tuts weh im Herz, Sie wissen was ich meine. Zu deiner Beruhigung: Hier regnets den ganzen Tag. Immer dunkler wirds auf dem Balkon und schwer ruht der Kopf auf dem Handteller. Beim Ausräumen deiner Wohnung sind deine gesammelten Werke vom Schrank gefallen, neugierig wie wir sind, haben wir sie gelesen und finden manches gar trefflich formuliert, manches unvermeidliche Klischee, doch nicht ohne Distanz zum Emotionalbad, manchmal Humor. Wieso verschwieg er mir diese Ader? Fein säuberlich flog also die Wolke aus Papier, Reißnägeln, Holzdübeln, Zigarettenpapier, Pullovern, angefangenen und abgebrochenen Werken in eine Kiste. Den Staub ließen wir Andreas zurück. Die Katze leidet auch. Ab und an der Marsch zum Klavier auf der Such´ nach tröstender Melodei. Brauchst du mein Klavier in Hamburg? Denn, eine Gottesaction wäre der Transport schon, es müssten dann Seile für die Karolinentreppe besorgt werden, sowie drei unerschrockene Mannen.
Lass dich umarmen und drücken und deinen Bauch küssen und meine Nase in deine Achselhöhlen schieben. Ach das tut gut, wie gut das tut.
Tilla

Stuttgart, Dezember, 1987

Ach Geliebter, mir ist so fad. Rechtsgüterabwägung im Presserecht interessiert mich gar net. Und dann gibt mir meine Bank heute Morgen auch noch kein Geld. So eine Gemeinheit, wofür arbeitet dann der Mensch und hört sich diesen ganzen Blödsinn an, wenn er zudem nicht einmal küssen darf. Das ist

ein schwerwiegender Eingriff in grundlegende Rechte. Gesetzbücher errötet! Verbandskästen Marsch! So gebt mir einen Zuckerhut!
Nur noch eine Nacht ohne dich mein Lieber, da möchte frau doch Hoffnung schöpfen. Hoffnung schöpfen auf Schulstühlchen vor Schultischchen mit Kaffeetässchen. Dozentlein F. redet über Sorgfalt. Aber die Tilla schreibt Liebesbrief an ihren Aron und muß ihren Text gar nicht überprüfen. Ach dreifach gejodelt von hinten durch die Brust ins Auge und Küsse, so viele
von Tilla

Hamburg, April, 1988

Aron,
jetzt ist es bald soweit, der Rotwein geht zur Neige, die abendlichen Gedanken ruhen und fallen in nächtliche Verpuppung. Langsam vermodern die welken Zellen, da leuchtet schrill ein letzter Wunsch im alten Hirnsgehäuse: Noch schnell ein Grüßlein an den Aron herausgedruckt auf daß es eine Art hat. So grüß ich denn den Liebsten mir auf wundersame Weise, schon seh ich sein Bild auf diesem Schirm - Scheiße, es ist nicht wahr, ist Lug und Trug, ihm bin ich wohl verfallen, gerate schon ins Lallen.
Viele, viele Bussis

Hamburg, Oktober 1991

Geliebter Aron, wütender Aron, zorniger Aron, enttäuschter Aron, belogener und betrogener Aron. Ich liebe dich. Alles Plattheiten wirst du sagen und alles Gemeinheiten. Aber ich liebe dich. Wie du gehst, wie du lachst. Deinen Mut, deine

Klugheit, deine Schönheit. Ohne dich wärs abgrundtief beschissen. Wie singt doch der Engländer. Love needs a second chance. Gib deiner Tilla auch eine, auch wenn sie von Wahrheit keine Ahnung hat. Sie liebt dich nämlich saumäßig und immerdar und küsst dich ein Leben lang und findet deine Kontaktlinsen. Und heißt doch über die Liebe schreiben, an den Geliebten schreiben, der nicht da ist. Dabei brennt Herdplatte durch, geht das Bier zur Neige, schmerzt die Brust, klopft das Herz.

Ein Bussi von Tilla, der gänzlich Vernichteten, dem fürchterlich Geliebteten.

Hamburg, Februar, 1992

Geliebter Aron,

jetzt bin ich doch, von der Arbeit kommend, auf meiner Ottomane eingebüselt. Habe bei einem mittelprächtigen Spanier in der Rothenbaumchaussee mittelmäßige Paella gegessen. Ganz allein. Ach, mein Lieber, will nicht jammern, aber fehlst mir so.

Also: Gehen wie noch einmal zurück, in den Sommer des vergangenen Jahres. Ich leide unter Einsamkeiten und die Zukunft ist ungewiß, wie das so ihre Art ist. Da meldet sich der Helmut. Den Helmut kenn ich, seitdem ich siebzehn bin. Er ist, wie fast alle Männer, in die ich mich damals verliebt habe, ein Schüler meines Vaters. Er ist so groß und so blond und so sexy und ich bin nur eine Nieselprimelin, die sowieso glaubt, dass sie keine Chance hat. Da ich zudem nicht weiß, wie frau mit Männern umgehen soll und ergo ziemlich ängstlich bin, bleibt es bei distanzierten Anhimmeleien.

Als ich den Helmut im Mai 1990 wiedersehe, ist er immer noch blond und immer noch sexy. Und ich bin jetzt die einsame Schuster, die vor einer Lebensentscheidung steht. In dieser

Situation hat mich wohl der Teufel geritten. So, hab ich mir gesagt, das ist jetzt die Prüfung aufs Exempel. Wenn dieser Mann mich jetzt will und ich dann immer noch nach Hamburg möchte, erst dann ists wohl getan.
Wir haben uns damals im Koma getroffen, einer Kneipe in Stuttgart, direkt neben meiner alten Schule, ich glaube du kennst sie. Dann sind wir zu ihm nach Hause gefahren und ins Bett gestiegen. Es war ganz einfach. Der Helmut ist ein lieber und gescheiter Mann. Er wohnt in einer eigentümlich altmodischen Kellerwohnung und gehört zu den Menschen, die nichts wegwerfen. Diese Bunker- und Grubenmentalität schlug mir stets freundlich lächelnd entgegen und war nur über Beleidigungen zu stoppen. Es ist mir nie schwergefallen, ihm gegenüber ehrlich zu sein, bis zur Grobheit. Er hat immer gewusst, dass du der Mann bist, den ich liebe. Das letzte Mal haben wir in der Nacht miteinander geschlafen, in der Deutschland Fußballweltmeister wurde. In dieser Nacht muß das Kind entstanden sein. Verdamm mich nicht! Ich liebe dir,
Tilla

Berlin, Mai, 1994

Liebster Aron,
jetzt schreibe ich dir also mal wieder einen Brief und, wie du siehst, immerhin handschriftlich. Keine leichte Übung für eine, die Text tagein taugaus nur per Tastendruck erzeugt. Aber es ist ja auch kein alltäglicher, und ich will mich bemühen, nicht schon wieder Missverständnisse zu produzieren. Unser letztes Telefonat hat mir nämlich arge Bauchschmerzen beschert. Ganz und gar unerträglich der Gedanke, du könntest glauben, acht Jahre lang mit einer Idiotin liiert gewesen zu sein. Bitte Aron, nimm dies Geschreibsel als Ausdruck des Überfordertseins deiner alten Tilla, die die Freiheit gesucht hat

(wie platt, wie platt!) und die nun heftig üben muß, sich darin zurechtzufinden. Neuerdings ist mir eine Marotte aufgefallen: Wann immer ich nicht mehr weiter weiß, fange ich an, vor mich hin zu pfeifen, ganz so wie die Einsame, die den dunklen Wald vor lauter Bäumen nicht mehr sieht und sich Mut machen will. Umsomehr gefreut hat mich dein gestriges Angebot, mit mir einen Espresso in der Bar Centrale zu trinken. Und hätte ich nicht eine unaufschiebbare Verabredung gehabt, ich wär geradezu geflogen gekommen. Denn glaub mir, mein Herz liebt dich immer noch, wie es dich all die Jahre geliebt hat. Bumm, jetzt ist der Satz also raus und aufgeschrieben für die Ewigkeit. Der Wasserfrauischen wirds da leicht unheimlich, ist wohl auch ein Grund dafür, dass sie lieber vor sich hin pfeift.

Die kleinen Bilder, die ich dir mitgebracht habe, stammen aus dem unvergesslichen Buenos Aires. Ach, wie gern würde ich Dir mehr aus diesem Land erzählen, bevor ich alles wieder vergessen habe. Vielleicht klappts ja die Tage mit dem Espresso. Jetzt muß ich mein Zimmer aufräumen.

Ich umarme Dich, Tilla

Tilla-Bilder

Bild 1

Tingen, 1986. Ein Bewerbungsfoto. Sie trägt eine weiße Bluse, die beiden oberen Knöpfe geöffnet. Mit dem bestandenen Examen in der Tasche hatte sie sich um ein Volontariat beworben. Dieses Foto erstaunte mich immer noch. Ein schönes Gesicht. Ich fand es schön. Die sinnlichen Lippen, die dunklen, ausdrucksvollen Augen.
Ihre Oberlippe lächelt freundlich, ja liebevoll.
Die vorgeschobene Unterlippe hält etwas zurück.

Bild 2 und 3

Hamburg, 1987. Sie lehnt abfahrbereit an ihrem Auto, kehrt zurück zu ihrem Volontariat bei einer süddeutschen Zeitschrift, will bald nachkommen. Wie sie da lehnt - die linke Hand mit den langen kräftigen Fingern auf dem Autodach, entschlossen, selbstbewusst. Im Regenmantel mit hochgestelltem Kragen, auf dem Parkplatz in der Karolinenstraße. Hinter ihr fahles Nachmittagslicht auf den Häuserwänden. Ihr Gesicht liegt im Schatten.
Auf dem nächsten Bild hat sie sich umgedreht, winkt mir mit ihren langen Armen noch einmal zu. So typisch für sie, dieses weit Ausholende, Raumgreifende. Hallo, schien sie immer noch zu rufen: Hallo, hier bin ich doch, hier bin doch *ich*!

Bild 4

Tullbad bei Wien, 1988. Nachmittagssonne auf ihrem seidigen Haar. Sie lächelt zufrieden. Trägt mein ausgeleiertes verwaschenes Sweatshirt, unser beider Lieblingsstück.
Sommerferien im Wochenendhaus ihrer Mutter. Sie ließ sich gehen, las nur noch Zeitung, im Bett, im Liegestuhl, ohne ein Wort, konnte sich, wenn man sie etwas fragte, an nichts mehr erinnern.
Im Dorffreibad aßen wir Wiener Schnitzel, in noch nassen Badeklamotten. Sie sprach von Gelsen, Sackerln und Faschiertem.

Bild 5

Tullbad, einen Sommer später. Sie liegt im Bett, stützt ihren Kopf mit dem Arm ab. Vor ihr der aufgeschlagene *Standard*. Ihr Blick noch morgenweich. Kein Lächeln. Hatte sie schlecht geträumt? Oder an andere Männer gedacht?

Bild 6

1989. Am Esstisch meiner Hamburger Küche. Sie gießt sich Soße über den Reis. Auf einem Teller vor ihr ein zerrupftes Hühnchen. Warum war ich vom Tisch aufgestanden und hatte sie fotografiert? Sie guckt überrascht, leicht abwesend. Keine Zeit mehr für ein Lächeln, eine Pose. Wieder in meinem Sweatshirt. Esstisch, Töpfe, Teller, Blumen, Holzregal mit Salz, Marmelade, Brotkorb, Kakao. Meine Küche in Erlendorf. Sie wohnte um die Ecke im Grinderhochhaus.

Zusammenleben wollte ich nicht. Im Gegensatz zu ihr konnte ich nicht gleichzeitig an- und abwesend sein.

Bild 7 - 10

1989. Unser letzter Sommer in Tullbad. Tilla am Tisch, den *Standard* in der Hand, noch verschlafen. Wieder im weiten Kuschelshirt, das jetzt ihr gehörte. Ihr Blick wirkt einvernehmlich, als seien wir verheiratet.

Dann auf der Liegewiese des Tullbads. Ihr Lächeln unter der Sonnenbrille, hochmütig. Ihre Haut hellbraun, samtig. Das blauweiß gestreifte Handtuch, auf dem sie liegt, hing immer noch in meinem Bad.

Sie läuft mir auf einem holprigen Sträßchen entgegen. Langbeinig, mit Hüftschwung. Sonnenbrille, Strahlelächeln. Eine Schauspielerin, die auf Fernsehkameras zuläuft. Im Hintergrund ein hellblauer Lada neben einer Grenzbaracke. Davor ein unbeschäftigter Grenzbeamter. Neben ihm die ungarische Fahne. Der eiserne Vorhang war gefallen.

Bild 11

Hamburg 1991. Sie starrt durch das Fenster der Englandfähre in die graue Elbe. Ihr jetzt kurz geschorenes Haar verstrubbelt, ihre Gesichtshaut unrein, gerötet. Trotziger Mund, abwesender Blick. Farblose Wimpern. Sie trägt einen schwarzen Schal.
Es war geschehen. Mir geschehen ...

Die Tränen des Excalibur

Tschüs, bis morgen! Sie geht davon. Ihr wehender Mantel. Ich drehe mich noch einmal um. Sie läuft weiter, unbeirrt, meine Geliebte, die ich sehen, fühlen, schmecken kann, wann immer ich will, die morgen, übermorgen wieder bei mir ist. Seit Jahren.
Ein Herbstblatt fällt, schaukelt gelb durch die Luft. Herz setzt aus.

Anruf bei Nacht. Wollte nur deine Stimme.
Was ist?
Sag ich dir lieber morgen. Nein, ich muss es jetzt.
Gepresste, zitternde Stimme.
Ich halte die Luft an. Bereit, ich bin bereit.
Ich habe mich in einen anderen Mann.
Nein, das hat sie nicht gesagt.
Schwanger von ihm.

Reden, vernünftig vor Schreck.
Auflegen.
Alles vorbei. Es war einmal.

Ich kann´s nicht fassen.

Wie kann sie nur, das Schicksal, und warum mir?
Die Vorstellung. Ein Kind, entstanden, wie sie mit einem andern ... Ich ertrag´s nicht. Niemand erträgt das.

Ich fahre zur Arbeit, steige aus, komme unter einer U-Bahn-Trasse hervor. Über mir eine Kastanie. *Gold, vor blauem Grund*. Ab jetzt tut Schönheit weh.
Im Job stehe ich mit dem Rücken zur Wand. Der neue Chef mag mich nicht, will mich degradieren. Es hat keinen Sinn, ich muss gehen.
Tilla: Ich wollte es dir erst sagen, wenn du einen neuen Job gefunden hast.

Abends in der Tagesschau. Gregor G., ein geschlagener Mann, nach einer Affäre in seiner Partei. Ich war zu naiv, sagt er.
Wie tröstlich, der brillante Anwalt, der auch zugeben muss: Ich habe geglaubt, dass ...
Ich schalte den Fernseher aus. Wohin mit mir? Rufe Inge an, verabrede mich mit ihr, stelle Fragen über Fragen.
Nur eine Affäre, sagt sie. Ja, man müsse Tilla fordern, zur Wahrheit, Auseinandersetzung.
Worte, die Tilla hasst. Ich betrinke mich, fordere Inge heraus, will nicht nach Hause. Wenn Tilla schon mit diesem Mann ...

Sie holt mich vom Bahnhof ab.
Ich war zu Andreas geflüchtet, weg von ihr, dem verhassten Job.
Wir reden, Stunde um Stunde.
Warum nur liebe ich diese Frau? Ohne mich wäre sie nie aus der Provinz herausgekommen. Verspottet hatte sie mich, wenn ich eifersüchtig war.
Sie versucht "die Wahrheit zu sagen", probiert Geständnisse. Ich bohre, quäle sie, mich. Sie hat noch mehr Leichen im Keller.

Ihr bemühtes Gesicht. Sie kämpft, will den alten Zustand wieder herstellen. So schnell wie möglich. Ihre Beschwörungen: Das musst du mir jetzt glauben.
Ihr Bemühen um Wahrheit - eine noch raffiniertere Lüge?
Wir sitzen uns gegenüber. Sie sieht mich an. Von oben bis unten. Hitze steigt in mir auf. Ich komme nicht dagegen an.

Was soll eine verheiratete Angestellte schon tun?, knallt sie mir am Telefon um die Ohren. Sie ist bei ihrem Vater. Eine Falle hatte er ausgelegt, wollte nicht, dass sie wegzieht.
- Hör auf, Aron! Nur ihr nicht die Schuld geben.

Das Grübeln macht mich wahnsinnig. Ihr Blick, als wir in der Kneipe saßen. Ich spüre ihn immer noch.
Ist sie eine Spielerin?

Ich hole sie ab. Fertig sieht sie aus. Schatten und Unebenheiten im Gesicht, mager.

Liebe Tilla,
sitz im Buero und schreibe dir einen Brief, was anderes geht gerade nicht. Bin muede und erschöpft und werde bald nach Hause gehen.
Ueber uns wollte ich etwas sagen, ueber unsere Zukunft, falls es so etwas gibt.
Dass wir keine Ehe mehr fuehren und ich dir den Hauch der Suende raube. Keine Slips mehr in meiner Waeschetruhe, keinen bebrillen, unrasierten Aron im Schlafanzug mehr, das bleibt dir jetzt vorenthalten. Nur noch Damenbesuch einmal die Woche, wenn der Hirsch roehrt. Du kannst ja H. als Ehemann nehmen, ich bin gern der Geliebte, wenn auch nur einer unter vielen, dann habe ich den Spass und das Nachsehen kann haben wer will sonst.
Dass ich dich weiterhin liebe, vielleicht wegen deiner Leichtigkeit, die gewogen und fuer zu leicht befunden, aber

aeusserst angenehm sein kann, wo das Leben doch wiegt wie Riesensteine, manchmal.
Dass du die suessesten Lippen und die zarteste Haut hast, die ich nicht missen kann und mag, niemals und nimmerdar, und ich dich begehre so sehr und mich sofort, auf der Stelle zu dir begeben moechte, und du eine Satansbraut bist, und ich nicht den richtigen Druckertreiber habe bei diesem geklauten Word und dir deswegen die Umlaute und scharfen s erspart bleiben.
Aron

Sie erzählt am Telefon, dass sie sich mit KollegInnen aus der DDR über „Glaubwürdigkeit" unterhalten, sie gesagt habe: Die SED-Vergangenheit kann man nicht einfach so wegschieben. Das ist so, wie wenn man von irgendeinem Geliebten ein Kind bekommt und ...
Von einem "Geliebten" - ich haue den Telefonhörer und sie in die Pfanne.

Wenn ich mir nur etwas *nach ihr* vorstellen könnte.
Unsere Telefonate werden zum täglichen Brot. Um drei Uhr nachts stößt sie Heultöne aus. Ich kann nicht länger Nein sagen. Sie rennt die Treppen hoch, kommt rein, zieht sich aus, verschwitzt, keuchend, kriecht unter meine Decke. Die Zeit bleibt stehen. Sie weint in meinen Armen. Dieses Eingeständnis tut gut. Wir reden. Noch ein letztes Glas.
Mitten in der Nacht wache ich auf. Etwas Wohltuend-Wärmendes umgibt mich. Es geht von einer Person aus. Ich wundere mich, dass es Tilla ist.
Am Morgen steht sie auf, küsst mich, muss gehen.
Ich schwebe zur Arbeit, müde, glücklich. Nach siebzehn unendlich langen Tagen.

Ein neuer Job. Der Geschäftsführer, noch jung, freundlich, verspricht Spaß am Arbeitsplatz. Jetzt packe ich´s auch mit

Tilla. Abends wieder stundenlanges Telefonat. Ich bohre weiter.
Ja, sie habe H. begehrt. Schon seit ihrer Schulzeit, er sei groß, blond, attraktiv.
Was wolltest du von ihm?
Vögeln natürlich, und es genießen geliebt zu werden.
Ich beschimpfe sie.
Sie legt auf.

Zuhören. Erklärungen. Sie beantwortet meine Fragen, von ihr aus kommt nichts. Ich will die Telefonnummer von H. Sie rattert eine Nummer herunter, stockt. Ich raste aus. Hau ab! Werfe ihr heulend die Schuhe im Treppenhaus hinterher.

Fünf rote Rosen in einer Vase, als ich von der Arbeit komme.
Fünf, sagt sie. So lange sind wir schon.
Ich finde fünf Rosen mickrig, will Blumenregen über meinem Haus, Wochenenden in Paris, New York ...
Die Vorteile eines Ehemannes, die hast du mir nie gewährt.
Willst du mich heiraten, fragt sie, als böte sie mir ihr letztes Hemd.
Jetzt nicht mehr.

Nachts wieder Heulen und Zähneklappern. Sie versucht wieder Alltag herzustellen. Ich will noch nicht zur Tagesordnung übergehen.
Vollmond. Ich werde schwach: Komm, bring Sekt mit, wir feiern meinen neuen Job.
Sie kommt, hat den Sekt vergessen. Ihre Hände unter meinem Hemd. Ich schmelze. Ihre Küsse, weich und mit viel Nachdruck.
Wir liegen nebeneinander, betrachten uns. Der Augenblick, der verweilen soll. Jetzt alles aufgeben, weil alles schon erreicht.

Hörigkeit, sagt sie, wenn es das wäre, würde ich jetzt aufstehen und gehen. Aber ich will bleiben. Es ist Liebe.
Trotzdem verlange ich meinen Schlüssel zurück.
Sie löst ihn zögernd vom Bund.

Eine Party am Hafen. Grässliches Volk aus Erlendorf. Anbändeln mit Unternehmensberaterinnen, Maklerinnen. Ich bin betrunken und in Form. Tilla ist nicht gekommen. Sie seit einer Woche nicht gesehen.
Blicke mit grinsenden Hyänen. Ich bringe mich ohne Katastrophe über die Bühne, gehe.
Fünf Uhr morgens vor meiner Haustür. Es regnet, ich muss dringend, habe den Schlüssel vergessen, klingle Sturm. Alles schläft. Trotte durch den Regen in Richtung Park, schlage mich in die Büsche, stapfe zurück - in ihre Richtung. Vor einer Stunde noch der Party-Beau, jetzt patschnass und verdreckt.
Wenn sie nicht da ist, muss ich den Rest der Nacht wie ein Penner im Freien verbringen.
Die Tür zu ihrem Hochhaus steht seltsamerweise offen.
Dreizehnter Stock. Rumpeln hinter ihrer Tür. Ein Spalt öffnet sich.
Komm rein.
Sie macht Licht. Ich reiße mir das feuchte Zeug vom Leib, bekomme noch ein Glas Rotwein. Wie schön es hier ist, wie warm.
Warum warst du nicht auf der Party?
Keine Lust, schon zu sehr an meine Einsamkeit gewöhnt, sagt sie.
Keine Kraft mehr für ihre Show, denke ich.
Leg dich hierher und schlaf´.
Ich lege mich neben sie. Unsere Körper explodieren.
Sie staunt.
Als wär´s zum letzten Mal, sage ich.
Am Morgen macht sie Tee und mich blind. Meine Kontaktlinsen liegen im Ausguss.

Eine Wahlveranstaltung im Auditorium Maximum. „Zur Perspektive der Entstalinisierung“. Erinnerungen an früher: das überquellende Audi-Max, die Schaukämpfe linker Gurus. Wenn man jahrelang belogen und betrogen wurde, sagt Gregor G., bewirkt das Minderwertigkeitsgefühle, weil man es mit sich machen ließ. Man verliert seine Identität.

Sie lädt mich zu einer Filmpremiere ein.
Wie vor unseren Bekannten bestehen - der gehörnte Ehemann? Aber wenn sie anruft, mich überschüttet mit Einladungen, am Dienstag, am Donnerstag, der Klang ihrer Stimme ... , bin ich gerettet.

Der Schlüssel von allem ist die Beweglichkeit von Zeit, Ort und Raum, sagt eine Stimme im Traum.

Ich lese ein Sachbuch, versuche Selbstkritik. Wollte ich mit ihr die Zeit anhalten? Habe ich ihr ein Bild übergestülpt?
In welcher Richtung soll ich suchen?

Wir gehen in die Kammerspiele. Ein bekannter Schauspieler spielt den *Gebrochenen Mann*. Mir ist´s zu künstlich. Der Schauspieler versucht Abstand zur Hysterie des Verletzten.
Ich hätt´s gern näher, umwerfender.
Tilla macht gute Miene zum belehrenden Spiel, findet W.s „Leistungen als Burgschauspieler sehr gut“, sagt: Tröstlich, dass es anderen auch so geht.
Wir gehen ein Bier trinken. Du hast eine bessere Frau verdient, sagt sie, ich möchte noch nicht, die Rolle der Verlässlichen, fühle mich noch zu jung.
Ein Uhr nachts vor meiner Haustür. Wir knutschen im Auto. Ich streichele sie, als sei´s verboten.

Mein Chef hat die Abrechnungsformulare auf seiner Festplatte gelöscht. Ich schlage eine Spezialistin zur Datenrettung vor, denke an Romy Schneider vom letzten Lehrgang.
Mein Chef willigt ein in seiner Pein.
Mit der Festplatte unterm Arm verlasse ich mein Tagesgefängnis. Ein bisschen frische Luft und Romy Schneider wiedersehen. Romy ist freundlich, bemüht sich um die Festplatte, hält sich an ihr fest. Zum gemeinsamen Mittagessen hat sie keine Zeit.
Pech gehabt, Aron. Du kommst nicht los von Tilla.

Abends die Filmpremiere, vor der ich mich fürchtete. Keine Bekannten da. Die Angst war umsonst. All die Männer mit ihrem herausfordernden Gehabe. Ich hasse meinen Blick, kleinkariert, fies, jeder Mann ein Rivale. Bin müde, schlaff, traurig.
Tilla findet den Film "handwerklich schlecht" - Inges Worte, die den Film geschnitten hat.
Hat sie die Fähigkeit zur eigenen Beurteilung verloren? Hatte sie sie je?

Zu Tode erschöpft, bin schon am Einschlafen.
Ich will dich hier haben.
Ich muss um sechs aufstehen. Jetzt ist´s schon eins. Nein, nicht auflegen.
Soll ich kommen?
Ja, nein.
Also, ich komme.
Aber nicht wieder den ganzen Weg rennen wie letztes Mal. Sich Sorgen machen in der Unvernunft. Sich wach machen bis zum Morgengrauen. Aber sie hat den Satz gesagt, der mich versichert hat in der Welt: Eine Bestimmung, die von woanders kommt. Du kannst mir nicht entfliehen.

Bild 12 und 13

Madeira, 1992. Ihr selbstsicheres Lächeln unter der Sonnenbrille. Sie sitzt auf einem weißen Plastikstuhl, Buch in der Hand, Füße auf dem Geländer des Felsencafés. Zwei Cerveza-Fläschchen auf dem Tisch.
Unter dem Geländer geht es steil in die Tiefe.

Dann sie, von hinten, auf einer Kaimauer. Mit dem leichten Buckel der zu groß Geratenen. Ihre Jeansjacke in der Farbe des Meeres. Sie verschwindet fast in der Weite des Wassers, des Himmels, der Wolken.

Bild 14 und 15

Rügen, Januar 1993. Wir machten noch Ausflüge. An die Ostsee, in die Berliner Umgebung. Tilla im schwarzen Wintermantel, den Rollkragen bis unters Kinn gezogen. Ihre jetzt wieder längeren, weich fallenden Haare wehen im Wind. Sie versucht ein Lachen gegen die Kälte. Neben ihr eine Möwe, die den Strand entlangläuft. Grauer Himmel.

Sacrow, 1993. Rötliches Abendlicht auf kahlen Büschen und Bäumen. Sie steht unter den Arkaden der Heilandkirche, blickt nach oben, bewundert die italienische Architektur, nein, begutachtet sie höflich.
Ihre Haut wirkt fahl. Als hätte sie die Nacht durchgemacht. Eine dünne lange Gestalt mit trotzig durchgedrückten Knien. Neben ihr fließt die Havel.

Trennung

Bild 16

Berlin 1994. Dieses Bild gehörte nicht mehr mir. Ich hatte es bei einem Besuch aus ihrem Fotokarton genommen, einfach mitgenommen. Sie hält ein Glas Wein in der Hand. Ihr leicht gerötetes Gesicht wirkt konzentriert, entschlossen, so als setze sie zu einem Sprung an. Ich beneidete alle, die bei diesem Sprung dabei waren.

Was war geschehen?

Als sie dieses Mal zur Tür hereinkam, bekam ich keinen Begrüßungskuss. Das fiel mir auf. Sie streifte ihre Schuhe im Flur ab. Wir wollten ins Kino gehen. Wahrscheinlich willst du wieder in so einen beschissenen Problemfilm.
So hatte sie noch nie mit mir geredet.
Du bist zu empfindlich, sagte sie, als ich mich beschwerte.
Nach dem Abendessen, beim Wein, begann sie eine Rede, die sie schon seit einem viertel Jahr vor sich herschiebe.
Es lief darauf hinaus, dass wir uns trennten.
Aber in Liebe, sagte sie.
Ich nickte. In letzter Zeit hatte ich keine Lust mehr mit ihr zu schlafen. Mein Arzt hatte eine „geschwürartige Hautveränderung“ festgestellt. Kein Wunder, bei dem, was diese Frau so alles in sich hineinsteckt, meinte ein Hamburger Freund bei einem Besuch. Diese Bemerkung ging mir nicht mehr aus dem Kopf. Tilla saß nur noch Zeitung lesend auf meinem Sofa. Beim Abendessen unterhielten wir uns über Politik und Kultur, führten eine Art gehobene Konversation, die mich nicht berührte, eigentlich langweilte. Ich sehnte mich nach anderen Gesprächen, echter, umwerfender. Allmählich wurde mir meine Zeit zu schade.

Erst neulich im Zug hatte mich ein seltsames Gefühl ergriffen. Ich hörte Musik - und fühlte mich plötzlich wie verliebt. Aber da war niemand, nur ich selbst. Die winterliche Landschaft mit ihrem klaren Schwarz-Weiß, den filigranen Strukturen der kahlen Bäume, sie schwebten an mir vorüber. Luftblasen im Bauch, eine diffuse Sehnsucht.
Dass ich einverstanden war, erstaunte sie. War sie beleidigt? Wenn ja, beherrschte sie sich, wie üblich.
Jetzt spielten wir das vernünftig sich trennende Paar, stolz auf unsere Einsichtsfähigkeit. Sie wolle noch mehr Abenteuer, sagte sie. Ja, auch andere Männer. Und in andere Länder. Und sie wolle mich, den Mann, den sie zutiefst verehre, nicht weiterhin verletzen.
Freundschaft, sagten wir.

Am nächsten Tag war mein Nacken, mein rechter Arm steif.
Die Krankheit, die mich befiel, wenn ich in Schwierigkeiten war.
Sie rief an, wollte vorbeikommen.
Ich bin krank.
Ich koche für dich, pflege dich. Das hast du doch nur aus Trotz gesagt, gestern.
Nein.
Sie kam, massierte mich. Ihre Berührungen gingen in Eindeutigeres über. Jetzt war es wieder wie früher.
Aber unsere Vereinbarung blieb bestehen.

Weihnachten 1993. Ich taste mich die Treppe zur U-Bahnstation hinunter, schwankend, habe Angst zu fallen, weiß nicht mehr wie ich zum Gleis, zur Linie 2 komme, die mich nach Hause bringt, bin wie ein zur Erde gefallener Alien, bar jeder geistigen oder körperlichen Gewissheit, beherrsche nichts mehr, nicht mal mehr das Gehen. Reduziert auf den bloßen Kern. Nirgendwo Rettung, weder Mensch noch gute Fee. Oder vielleicht doch? Schließlich schaffe ich es die

Treppe hinunter ohne zu stürzen und in die richtige Linie zu steigen.
Ich hatte sie angerufen, es nicht mehr ausgehalten (seit einem Vierteljahrhundert war ich zum ersten Mal allein). Sie bot an, mich zu Weihnachtseinkäufen in die Stadt mitzunehmen. Als wir in ihrem Auto saßen, stöhnte sie: Ich hab´ überhaupt keine Lust einzukaufen.
Auf was dann?
Mit dir zu schlafen.
Ich freute mich, lehnte mich zurück. Wir würden es tun, sobald wir vom Einkaufen zurück waren. In der Buchhandlung am Ernst-Reuter-Platz verschwand sie, etwas vor sich hinmurmelnd, Richtung Obergeschoss. Nach meinem Einkauf wartete ich vor dem Eingang auf sie. Keine Tilla weit und breit. Nach einer Weile suchte ich sie in dem überfüllten Laden, dann draußen auf dem Gehsteig, zwischen den Weihnachtsbuden. Hatte sie sich vorhin etwa verabschiedet? Ich konnte mich nicht erinnern. Vor mir die mehrspurige Straße, die ich nur mit Mühe überqueren konnte. Dann stand ich fassungslos vor einer leeren schwarzen Fläche, ihrem Parkplatz. Leute hasteten gleichgültig an mir vorbei. Worum hätte ich sie auch bitten sollen? Zum ersten Mal in meinem Leben wünschte ich, die Zeit zurückdrehen zu können, nur für ein paar Minuten. Eben waren wir noch Hand in Hand über diese Straße gelaufen.
Was jetzt? Dort, das blaue U-Bahn-Schild. Ich lief zögernd darauf zu.

Silvester 1994. Was machst du heute Abend? fragte sie am Telefon.
Weiß´ noch nicht.
Sollen wir nicht zusammen. Ein letztes Mal?
Gut. Essen wir, und dann geht jeder zu seinen Freunden.
Da hinaus geh´ ich nicht mehr, sagte sie, als sie ankam. Die spielen Krieg da draußen.

Wir aßen meine Vorspeise, sahen uns die Philharmoniker im Fernsehen an, rückten näher und näher.
Danach lag ich matt auf dem Sofa. Mit keiner Frau wird es je wieder ...
Sie zog sich an, machte den Hauptgang. Ich sah Dinner for one, verstand mal wieder nicht, was daran witzig war.
Um zwölf öffneten wir den Sekt und stiegen die Treppe zum Dach hoch. Sie jubelte. Vor uns ging es ohne Absperrung in die Tiefe. Ich hielt sie fest. Phantastisch der Blick, sagte sie, alles von oben. Und ohne die Hektik und Enge auf dem Kreuzberg ... Wenn du mich heute allein gelassen hättest, das wäre unfair gewesen. Schließlich hast du mich nach Berlin geholt.
Wieder zurück auf meinem Sofa wollte sie sich haltlos betrinken. Darauf, dass wir uns trennen. Jetzt war sie sich sicher, dass es richtig sei.
Warum sind wir gescheitert?
Ich weiß es nicht, Aron. Aber ich liebe dich weiterhin. Nein, ich habe keine neue Liebe. Ich möchte wieder Musik machen, reisen.

Ich hatte noch nicht verstanden, welche Rolle für mich vorgesehen war. Die Feiertage wollte sie mit mir verbringen, ihre Abenteuer in der restlichen Zeit. Ich wurde zum Geliebten meiner Ex.

Herzschmerzen, sagte sie am Telefon.
Ich beneidete sie, kam mir so tot vor wie ein Stein.
Wenn du dich allein fühlst, sagte sie, denk´ daran, mir geht´s genauso.
Dann rief sie vom Flughafen aus bei mir im Büro an, ließ mir ausrichten, sie sei ab jetzt nicht mehr da.

Ich konnte nicht mehr schlafen, wollte weinen. Im Traum sagte eine hochgewachsene Frau: Ich habe dich geliebt. Wir

waren sehr glücklich. Aber dann hast du eine andere, eine mit Geld geheiratet ...
Als hätte ich sie in einem anderen Leben verlassen.

Sie rief aus Hamburg an. Das Wetter sei scheußlich. Sie mache Musik. Ich denke an dich, das wollte ich dir sagen.

Im Traum lud mich eine Regisseurin zum Essen ein.
Ich gönne sie dir, sagte Tilla, küsste mich. Ich werde auf dich warten.
Ich wachte auf, voller Sehnsucht nach ihr.

Endlich brachte ich Lampen im Flur an, strich die Heizkörper in der Küche. In meinem Kopf nur ein Gedanke: Ich schaff′ es nicht.
Andreas kam zu Besuch. Beim Spaziergang erzählte er, wie er sich als Kind gefühlt hatte: ungelenk, unbeholfen, zu anders. Ich war nie unbeschwert, kam mir nie liebenswert vor.
Das hast du mir nie erzählt.
Du hast mir nie zugehört. In Wahrheit bin ich viel normaler als du denkst, viel einfacher, unglücklicher.
Wir gingen ins Kino. Das Licht ging aus, eine offenstehende Tür ließ die Sommerluft herein. Umhüllt in Dunkelheit - und vor mir die Tür ins Freie.

Das Musikmachen ginge nicht mehr, sagte sie am Telefon. Inge merke es nicht. Es sei zu Ende. Zweihundertsiebenundneunzig Mal habe ich dich nicht angerufen. Ich kann dich nicht vergessen, ich probiere es trotzdem. Ich habe eine Affäre angefangen, aber ich muss in den unmöglichsten Situationen an dich denken, ich habe Magenkrämpfe. Wenn du es dir noch mal überlegen würdest ...

Hatte ich etwas falsch verstanden, als sie mir vorgekommen war wie eine ehe-überdrüssige Frau? Hatte ich unser Gespräch zu weit getrieben, sie über eine Grenze gedrängt, so dass sie nicht mehr ohne Gesichtsverlust hinter die Linie konnte?

Gott sei Dank gab es Arbeit. Am Feierabend fuhr ich mit zittrigen Händen nach Hause. Ein riesengroßer, bleicher Vollmond kroch unter Wolken hervor. Heute hat sie Geburtstag.

Als ich ankam, saß sie auf meiner Treppe.
Wir kochten zusammen. Nach dem Essen, sie hatte die zweite Flasche Wein geöffnet, fing sie an zu weinen. Ich beneidete sie darum.
Sie habe plötzlich keine Lust mehr auf Sex. Nächstes Wochenende käme ihr neues Verhältnis, sie müsse schon jetzt überlegen, wie sie ihn loswerde. Er sei nett. Am Sonntag, als sie bei ihm übernachtete, konnte sie die ganze Nacht nicht schlafen.
Wir gingen ins Bett, fielen ineinander. Am Morgen brachte sie mich zum Ostbahnhof, wartete mit mir auf den Zug, ich musste zu einem Meeting nach Düsseldorf.

Ich lief durch die fremde Stadt. Ich habe sie verloren, sie hat schon einen andern.
Wenn sich unsere Trennung bisher wie Spiel angefühlt hatte, jetzt war sie ernst geworden.
Sie rief mich im Hotel an. Es ginge ihr nicht gut, sie bemühe sich, mich aus dem Kopf zu kriegen.

Ich war eifersüchtig, empfindlich, fuhr gegen eine Mauer, trank zu viel. Mein Gesicht im Spiegel - aufgelöst, viel zu weich.

Dann ging es ihr plötzlich gut. Sie habe mit einem Kollegen gevögelt. So war es doch geplant, sagte sie. Ich wollte mich vergnügen, und du wolltest dich verwirklichen.

Am Abend ging ich allein essen, lief um Mitternacht nach Hause, kam an einem türkischen Vereinslokal vorbei, vor dem eine Schießerei stattfand.
Warum erschießt *mich* niemand? Endlich weinte ich.

Wenn sie jetzt zu Besuch kam, war sie gutgelaunt, warf ihre Jacke über den Wäscheständer im Flur, prüfte vorher, ob die Wäsche trocken war, was ihr früher egal war.
Wir fielen immer noch ineinander.
Beängstigend schön, sagte sie. Aber sie wolle nicht mehr über Nacht bleiben. Es ist doch nur eine neue Phase. Siehst du das nicht auch so? Ich passe auf uns auf, sonst landen wir wieder da, wo wir angefangen haben. Jetzt, wo ich das Schlimmste überstanden habe, will ich nicht mehr von vorn anfangen. Es geht mir gut, ich fühle mich lebendig, voller Tatkraft. Nur manchmal bin ich noch traurig.

Nein, heute geht es nicht, mein Lieb, bin zum Essen verabredet, ich rufe dich morgen an, ich denke an dich.
Wann dann?
Am Donnerstag, Freitag, oder Montag, mal sehen.
Am Montag sprach sie auf meinem Anrufbeantworter. Wollte mich sehen. Ich tanzte durch die Wohnung. Am Dienstag konnte sie plötzlich nicht mehr. Ob ich nicht am Donnerstag?
Da habe ich meinen Stammtisch.
Stille in der Leitung.
Vielleicht gegen später?
Also gut, sagte sie.
Als ich gegen zehn nach Hause kam, saß sie schon da, strahlte, zog mich gleich ins Schlafzimmer.
Zuerst noch ein Glas Wein.

Wie geht es dir, hast du schon eine andere Frau, fragte sie.
Ich ließ die Taxifahrerin, die mich vom Flughafen hergefahren hatte, zu meiner Geliebten werden. Ihr zartes, vom Leben gezeichnetes Gesicht hatte mir gefallen, ihr weißes Haar.
Sie habe jetzt zwei Liebhaber, erzählte Tilla. Nachts stöhne ich manchmal deinen Namen. Sie lachte.
Ihre Worte, wie durch eine Nebelwand, ich verstand fast nichts, war nur froh, sie zu sehen. Alles so vertraut, wie immer.
Sie übernachtete doch noch bei mir. Ihre Atemzüge - Balsam in meinem Ohr.
Am Morgen ging sie. Bis die Tage, sagte sie.

Ich warf einen Brief in die Nachtpost: Jetzt nicht mehr, für lange Zeit.

Sie ruft an. Nimm doch ab, so halte ich das nicht aus, sagt sie meinem Anrufbeantworter

Ich verreise, lerne endlich Motorradfahren. Heule.

Dann melde ich mich.
Tilla sei krank, sagt ihre Mitbewohnerin am Telefon. Soll ich sie trotzdem holen?
Tillas warme Stimme: Schön, dich zu hören. Kann ich kommen?
Eine halbkranke Tilla stürmt in meine Wohnung, nimmt meine Hand, zieht mich ins Schlafzimmer.

Ich kenne keine Figur in der Literatur, die auf positive Weise aus einer Leidenschaft herauskommt, sagt ein Freund, der sehr viel liest. Die Metamorphose des menschlichen Tieres steht noch aus.

Ich komme zum Abendessen, sagt Tilla.
In mir beginnt´s zu flattern.
Immer wenn ich mit einem Neuen ins Bett gehe, erzählt sie, komme ich mit einer anderen Welt in Berührung. Beim Frühstück sitze ich auf einer Terrasse über der Karl-Marx-Allee und dusche im stalinistischen Arbeiterpalast, am andern Tag sitze ich auf einem Balkon über dem bürgerlichen Savignyplatz. Und was ist mit deiner Taxifahrerin? Wie ist sie?
Ich lenke ab.
Bis bald, sagt sie am Morgen, fliegt in den Urlaub.

Cebit. Der dritte Messetag. In einer der unzähligen Hallen. Durchdringender Lärm, Computertürme, herumwuselnde graue Anzüge - plötzlich schwankt der Zeltboden. Eine Frau vom Servicestand kommt auf mich zu, lächelt hinter ihrer schicken Hornbrille. Kann ich helfen?
Den Rest der Woche weiche ich ihr nicht mehr von der Seite.

Ich hab´ Freikarten für ein Konzert am Gendarmenmarkt, locke ich sie. Wir sitzen Arm in Arm im Separee. Die Sängerin schmettert sozialistische Kampflieder. Hat sie nicht mitbekommen, dass die Mauer gefallen ist?
Wir verschwinden durch den Hinterausgang, gehen in die *Bar Centrale*. Sie trägt neuen Schmuck, neue Schuhe. Die habe ich billiger bekommen ...
Plötzliche Distanz zu ihr. Aber wie Freiheit fühlt sich das nicht an.
Wir gehen zu mir, reißen uns die Kleider vom Leib. Danach, auf der Couch, sie im Bademantel, ich in eine Decke gehüllt, Rotwein trinkend. Ich komme nicht zurück, sagt sie. So etwas mache ich nicht. Ja, ich wollte dich sogar heiraten. Aber du hast meine vorsichtigen Töne überhört.

Warum hänge ich an einer Frau, die billigen Schmuck und alberne Schuhe trägt?

Jeden Morgen die inzwischen vertraute Mischung aus Ohnmacht und Schmerz. Warum hat sich unsere *Trennung im gegenseitigen Einvernehmen* in einen Horrortrip verwandelt? Werde ich da je wieder herauskommen?

Abends spaziere ich durch die kleine Straße, an der ich jeden Morgen vorbeifahre. Straßencafés unter Bäumen, türkische Großfamilien, die auf Bänken sitzen.
Sie mündet auf einen Platz mit einer Basilika in der Mitte. Am Tischchen einer einfachen Trattoria bestelle ich etwas zu essen. Die Nacht ist warm und frisch zugleich.

Ich habe ein Geschenk für dich, sagt Tilla. Wir müssen uns sehen, tausend Mal hab ich dich angerufen.
Ich will nicht.
Warum?
Das weißt du doch.
Als ich am Flughafen ankam, wollte ich sofort zu dir ... Sie beginnt zu erzählen.
Du Sextouristin, du arrogante Ziege.
Sie legt auf.

Ich verabrede mich mit der schönsten Frau, die ich kenne. Blond, perfekte Gesichtszüge, perfekter Körper. Ihr Gerede nervt. Ich verschwinde durch den Hinterausgang, ohne Abschied.

Jetzt spreche ich mit niemandem mehr darüber, trinke zu viel, sitze abends im Hinterhof, höre dem Plätschern des Brunnens zu, streichle die Hofkatze.

Mein Herz schlägt zu laut. Sie steht in meiner Tür. Ich starre sie an. Ihr Gesicht ist schmaler geworden, ihr Haar noch wirrer. Als hätten Sonne und Pampa sie ausgezehrt.
Vor Aufregung habe ich keinen Parkplatz gefunden, sagt sie.
Wir setzen uns im Wohnzimmer auf den Teppichboden. Rotweingläser auf meinem blauen Tablett. Sie zündet sich eine Zigarette an. Diese Reise hat mich verändert. Dieses Land hat mir gezeigt, dass es noch mehr gibt zwischen Himmel und Erde.
Ich lehne meinen Kopf gegen die Sofakante, versuche mich zu beruhigen. Sie öffnet ihre Bluse. Ich spüre nur noch warme Haut, registriere, dass ich nichts mehr registrierte.
Danach in meinem Bett, dreht sie sich um, will einschlafen.
So geht es nicht weiter, sage ich. Morgen früh gehst du einfach wieder. Du musst dich entscheiden, sonst siehst du mich nie wieder.
Sie stöhnt. Anfangs ging es mir noch gut, aber jetzt betäube ich mich nur noch.
Ist das deine Antwort?
Ihr Körper zuckt. Du willst doch nur dein Drama.

Wie geht´s dir?
Ziemlich gestresst, antwortet sie. Soviel arbeiten, pausenlos unterwegs, kein Wochenende. Schön, dass du anrufst. Dein Brief, ein richtiger Liebesbrief, ich musste fast heulen. Diese Obsession, sie ist einfach da. Ein Blick von dir und ich bin wie von Sinnen.
Was für ein schöner Satz.
- In all den Jahren konnten wir uns einfach riechen. Das Riechen ist es.
Beim Essen erzähle ich ihr, dass ich jetzt spare, meinen Job aufgeben, nur noch schreiben möchte.
Du wohnst einfach in einer der Wohnungen, die ich erben werde, schlägt sie vor.
Wenn es so weit ist, hast du mich vergessen.

Wann sehen wir uns, morgen, fragt sie.
Da kann ich nicht. Heute ...
Ich habe meinen Kollegen versprochen nach Feierabend noch in den Biergarten in der Kastanienallee zu gehen.
Kannst du nicht absagen?
Ich komme danach.
Die folgenden Stunden verbringe ich mit Krimi und Weinglas im Bett. Vor meinem Fenster der feuchte Duft frisch gegossener Pflanzen. Halb elf. Endlich. Ihre schmale lange Gestalt biegt um die Ecke.
Wir küssen uns. Kein bisschen Distanz. Sie will nicht mehr ausgehen, will gleich.
Zuerst reden. Wie geht es dir?
Sie sieht mich an, prüfend, spricht dann von den Männern, mit denen sie jetzt. Ich floriere. Sie streicht sich eine Strähne aus dem Gesicht. Was macht dein Job?
In den letzten Monaten habe ich eine Menge Geld verdient, meine Umsatzvorgaben erreicht.
Das haben *wir* erreicht, sagt sie. Die Liebe allein, das reicht doch nicht ...
Mein Gehirn sucht verzweifelt nach einem neuen gemeinsamen Ziel.
Ich kann nicht mehr zurück, sagt sie. Auch wenn ich leide und zu viel trinke.
Am liebsten würde ich meine Küche zertrümmern.
Und wie geht´s mit deiner neuen Geliebten?
Es hat nie eine gegeben.
Sie schlägt die Hände vor´s Gesicht. Das hätte mich erleichtert.
Sie öffnet mein Hemd.
Ich gebe nicht nach.
Sie jault auf.
Beim Abschied küsst sie mich, weich und mit viel Nachdruck.
Den Champagner aus dem Flugzeug trinke ich allein, hoffe, sie würde noch zurückkommen.
Sie kommt nicht.

Ich wähle ihre Nummer, lege wieder auf, sobald ich ihr schwaches "Hallo, hier ist die Tilla" höre, wähle erneut, lege wieder auf. Beim fünften Mal zieht sie den Stecker raus.

Sie habe sich noch an einer Tankstelle eine Flasche Wein gekauft, sich betrunken und geheult, erzählt sie später.

Maulbronn, die schöne Klosteranlage, der kleine Badesee. Tillas Mutter besucht mich. Ich kutschiere sie herum, sitze mit ihr auf dem Hügel über dem See. Sie, dünn und schmal wie Tilla, etwas wacklig geworden im Alter, aber noch voller Neugier. Es macht mir Spaß, sie in meiner früheren Welt herumzuführen. Sie ist überrascht über dieses Kleinod in ihrer Nähe. Wir essen im Klosterkeller, stellen uns das damalige Leben der Mönche vor. Wenig Schlaf, Tag und Nacht beten, immer frieren, es gab nur einen beheizten Raum, jung sterben. Andrerseits, diese Wandelhalle, der Kreuzgang, das Brunnenhaus - unvergleichlich in ihrer Harmonie. Ich erzähle von Abt Entenfuß, der mit Faust zusammen in der Klosterküche den Stein der Weisen suchte.
Als sie abfährt, bin ich noch verzweifelter. Ich hatte gehofft, sie könne mir etwas erklären.
Sie glaube Tilla nicht, wenn sie von ihrer Trennung erzähle.
Sprecht ihr darüber?
Ja und nein. Nicht wirklich.

Schwimmen im Tiefen See. Grüngoldenes Wasser, von Bäumen umsäumt. *Es gibt nur das*, sagt etwas in mir.

Bin schon im Bett.
Wollte mal wieder deine Stimme. Wie geht´s, hast du dich gut erholt im Urlaub?
Hm, und wie geht's dir?
War die ganze Zeit in Hamburg. Eine neue Liaison.
Ich kann deine Bettgeschichten nicht mehr hören.

Kann ich dich nicht mal, bei einem Abendessen, nur reden.
Nein, kein Abendessen. Deine Unverbindlichkeit, Unzuverlässigkeit.
Das meinst du nicht ernst.

Grauer Himmel hinter dem Hotelfenster. Firmenmeeting zwischen gesichtslosen Bürocentern, grauen Straßen und Plätzen.
Ein Haus auf dem Land ... Ein ausrangierter Bahnhof im Osten. Endlich diesen Job hinschmeißen.

Am Wochenende gehe ich nicht mehr aus der Wohnung, küsse ihre zurückgebliebenen Sachen, bitte Gott, oder wen auch immer, um ein Zeichen.

Lieber Aron,
ein sonniger Vormittag auf dem Prenzlauer Berg. Schwerfällig rumpelt die Straßenbahn und Tilla glotzt skeptisch.
Ich denke an dich.

Gestern Nacht war sie da.
Nach vier Monaten. Alles wie eh und je.
Eigentlich ist es eine Gemeinheit, sagt sie über unsere Trennung. Als hätte sie ihr jemand aufgenötigt. Aber, ich kann ja im Beruf auch nicht mehr in die Provinz zurück ...
Nein, so meine ich das nicht.

Bin grad zurückgekommen. Sehen wir uns? Am Donnerstag?
Am Donnerstag bin ich schon um sechs zu Hause, warte.
Und wenn sie nicht kommt? Ich lege mich in die Badewanne.
Um sieben ruft sie an.
Liege in der Badewanne.
Lass dir Zeit.

Kurz vor acht klingelt es. Eine dünne, strähnige, müde Frau gibt mir einen flüchtigen Kuss, stürmt über den Flur, begutachtet meine neuen Lampen, ist nicht bei der Sache. Wir gehen in den *Thaler* um die Ecke, essen Wiener Schnitzel. Sie stöhnt vor Wonne: Den ganzen Tag nichts gegessen. Wie geht es dir?
Schlecht. Aber ich hab keine Lust mehr, immer der Ehrliche zu sein.
Die Rolle hast *du* dir doch ausgesucht.
Und was ist deine?
Sie breitet den Lebensentwurf ihrer Zunft aus. Das Leben sei dazu da, es rumzubringen, ohne großen Schaden, so angenehm wie möglich.
Wie konntest du es nur mit mir aushalten, mit dieser Auffassung?
Das hab´ ich in Kauf genommen. Lass uns noch ein Glas Wein bei dir trinken, dann gehe ich nach Hause. Ich kann nicht mehr die Nächte durchmachen ... Dieses Gesicht kenne ich so gut! Die Zornesader an deiner Stirn.
Warum wolltest du mich sehen, wenn du zu müde bist?
Mich einfach mit dir unterhalten.
Ich will mit dir schlafen.
Sie wird rot. Das ist neu.
Ich will nur noch weg. Die Wirtin kommt und kommt nicht.
Der Urlaub hat dir anscheinend gutgetan, sagt Tilla, aber du solltest dir mal ein neues Jackett kaufen.
Die Wirtin gibt einen Kräuterschnaps aus, zur Feier von irgendetwas. Tilla stößt mit mir an. Mein Gesicht verzieht sich, als müsse ich eine Zitrone essen.
Auf der Straße vor meinem Haus. Sie möchte meinen neuen Firmenwagen sehen.
Keine Lust ...
Ich bin neidisch, sagt sie.
Ich hätte ihn dir überlassen. Aber jetzt nicht mehr.
Jetzt nicht mehr, wiederholt sie tonlos.

Wir stehen vor der Toreinfahrt zu meinem Hinterhof: Trinken wir noch ein Glas bei dir?
Nein, sage ich.
Gut, dann Tschüs. Bekomme ich noch einen Abschiedskuss? Sie spitzt die Lippen, steht bittend vor mir. Plötzlich sehe ich rosafarbenes Fleisch, gefesselt, eingezwängt, in einem Sarg ...
Nein, sage ich und stapfe davon. Als ich mich umdrehe, ist sie verschwunden. Ich heule den ganzen Abend über, betrinke mich, starre auf das Urlaubsfoto über meinem Schreibtisch. Madeira, sagte sie, das war unser schönster Urlaub.
Drei Jahre ist das her.

Steine, nichts als Steine. Unter meinem Balkon Touristen, die sich am Swimmingpool grillen, lachen, herumschreien.
Im wievielten Stadium der Hölle bin ich? Vor mir nur Felsen, schwarzes Geröll. *Ich wünschte sie und den Bräutigam zerschmettert zu erblicken.* Ihr Gesicht, rosafarbenes Fleisch, die großen Lippen ein einziges Flehen. Ich hatte ihren Blick noch im Rücken gespürt, als ich davonstürmte. Am Morgen lag mein Klingelschild am Boden. War sie etwa zurückgekommen und so verzweifelt vor meiner Tür gestanden wie ich neulich ...

Zum wievielten Mal bin ich im Kreis durch Mitte gefahren? Wo war ihre Straße nochmal? Nach ungefähr einer Stunde hatte ich sie endlich gefunden, klingelte am dunklen Klingelbrett. Ein Ruf von oben. Ihre Mitbewohnerin war aufgewacht. Ich antwortete nicht, schlich an der Hausfassade entlang zum Auto zurück.

Klares, hellblaues Wasser. Das Licht der untergehenden Sonne auf den Dünen, orangegelb, durchscheinend.
Ich lege mich in den warmen Sand, sehe in den Himmel.

Bild 17

Berlin, Dezember 1997. Verschneite Birken vor der graffitibesprühten, roten Friedhofsmauer am Mehringdamm.
Drei Jahre waren wir inzwischen getrennt.
Dass du dich gerade jetzt meldest, seufzte sie. Ich bin allein, habe meinen Freund weggeschickt, versuche eine Wodkaflasche zu öffnen. Möchte dich auch sehen.
Komm doch.
Jetzt noch? Ich muss morgen früh raus. Komm du doch.
Gut.
Bring´ Zigaretten und Wein mit.
Ich stopfte eine Weinflasche und Zigaretten in meine Tasche. Mein Gott, was brauche ich noch? Ich hatte es verlernt. Wäsche, Toilettenbeutel?
Ich träume von dir, hatte sie am Telefon gesagt. Köder ausgeworfen. Der zappelnde Fisch saß im Auto. Die Ampel vor mir blinkte als sei sie lebendig. Ich mache einen Fehler. Alles egal. *Let the devil take tomorrow.*
Ich bog in ihre Straße, parkte vor ihrem Haus. Ein Ort, der für mich inzwischen ferner war als der Mond. Ein fremdes Wesen öffnete mir die Haustür, verstrubbelt, bot mir ihren Mund an, lief vor mir die Treppen hoch. Im vierten Stock hatte ich den Eindruck, eine alte Frau biege um die Ecke. Sie drehte sich um, sagte etwas, wischte den Eindruck wieder weg.
In ihrer Wohnung. Ich umarmte sie, freute mich. Sie duldete meine Berührung. Ihr Zimmer. Ungemachtes Bett, zu grelles Licht, laufender Fernseher. In mein Zimmer oder in die Küche, fragte sie.
Erstmal in die Küche.

Mit einer hilflosen Gebärde räumte sie das Geschirr beiseite, so als hätte sie zurzeit nicht die Kraft aufzuräumen. Wir tranken den Wein, den ich mitgebracht hatte. Sie erzählte. Beruflich immer noch keine Veränderung. Eigentlich wolle sie weniger arbeiten, wieder Musik machen. Demnächst ziehe sie mit ihrem Freund zusammen.
Ich schluckte, sagte nichts.
Sie erzählte von ihren Reisen. Sonst wär´s zu langweilig. Kuba, die jungen Männer, die so wunderbar ihren Hintern bewegen, die frau einfach einladen könne ...
Ich stand auf.
Was ist denn?
Nichts, es ist nur. Du siehst die Welt mit anderen Augen.
Daran ist nichts zu ändern.
Ich nahm meine Jacke.
Ich begleite dich nach unten, sagte sie. Bedauernde Geste, aber kein Versuch, mich zurückzuhalten. Abschiedskuss. Sie wollte noch etwas sagen. Ich war schon draußen. Ging in ihr Lieblingscafé um die Ecke. Niemand kam mir nach. Aus dem Fenster starren. Die Kastanienallee im Regen.

An einem kalten, windigen Abend eilte ich in der Feierabendmenge durch den Baustellenkorridor über der Spree. Plötzlich kam sie mir entgegen. Neben ihr ein blonder junger Mann.
Wir liefen wie in Zeitlupe aufeinander zu, beide blass, verzweifelt nach irgendeiner Reaktion suchend. Der junge Mann bewegte seinen Kopf zwischen uns hin und her wie bei einem Tennisspiel. Dann ging sie, mit ihm scherzend, einfach an mir vorbei.
Ich war fassungslos. Weiß sie nicht mehr, wer ich bin?

Die alten Schmerzen im rechten Oberarm, bei Nacht. Kalter Schweiß. Erst der Morgen brachte Wärme, Trost.
Ich fuhr in mein neuerworbenes Gartenhaus. Der Tag war grau. Schwarze Äste vor dem nebligen Heiligensee, tote Blätter. Klare, kalte Luft. Stille.
Schon zufrieden, wenn die Schmerzen etwas nachließen.

Eine Bar in Mitte. Ich wartete auf einen Bekannten. Plötzlich stand Tilla da. Seit unsrer Geisterbegegnung auf der Spreebrücke hatte ich sie nicht mehr gesehen. Wie lange war das her? Wie viele Jahre?
Hallo Aron. Sie freute sich. Neben ihr stand eine Kollegin.
Ich stützte mich auf einen der Stehtische, sah sie ungläubig an. Mein Bekannter kam, sah Tilla an. *Das ist also die Frau, die du liebst.*
Wir standen um den Tisch herum, Tilla redete im Plauderton. Nette, vergangene Geschichte.
Wie betäubt musste ich mitspielen, erzählte, dass ich meinen Job aufgegeben hatte. Ihr blieb die Spucke weg.
Es hat mich wirklich gefreut, sagte sie zum Abschied, sah mich an.
Ich wartete. Sie überlegte, wollte noch etwas sagen, entschied sich aber dagegen, blickte mir nur schweigend in die Augen.

Immer noch geblendet bei ihrem Anblick. Was gäbe ich darum, sie mit dem nüchternen Blick meines Bekannten sehen zu können.
Sie hatte nach meinem Haus am See gefragt: Ich hab´s noch nie gesehen.
Als würde ich es ihr verweigern.
Was steht drin, fragte sie. Der Esstisch aus der Untentrautstrasse?
Das Ausbreiten unseres früheren Alltags vor Fremden war mir unangenehm.

Sie hat sich verändert in den letzten Jahren, meinte ihre Kollegin.
Inwiefern, fragte ich.
Ich bin jetzt für die Hauptstadt zuständig, sagte Tilla, überall geht es um neue Pöstchen. Weniger Gelassenheit. Als ihr etwas zu Boden fiel, murmelte sie: vor lauter Aufregung, bückte sich, hob es auf.
Ihre Kollegin sah ihr wissend, lächelnd zu.
Ich hätte dich kaum wieder erkannt, als ich hereinkam, hatte mein Bekannter gesagt. Du warst plötzlich so ... strahlend, ja schön.
Als ich ihm eine Tüte Walnüsse von den Nussbäumen am Heiligensee in die Hand gedrückt hatte, schien Tilla den Atem anzuhalten. Szenen eines Alltags, an dem sie nicht mehr teilhatte? Oder bildete ich mir ihre Reaktion nur ein? Aber schon im nächsten Moment hatte sie es wieder weggeschoben.
Warum kann ich das nicht?

Nach einer Reise kam ich in mein Gartenhaus zurück. Das frische üppige Gras, der durch die Äste blinkende See.
Tilla auf meinem Anrufbeantworter. Sie hatte an zwei Wochenenden angerufen. Wie sehr ich es genoss, dass sie mich sehen wollte.
Angst, da nie mehr rauszukommen.

Bild 18

Berlin, 2002. Friedrichstrasse. Neben ihrem gläsernen Büroturm. Die Gefühle fest unter Verschluss, sitze ich ihr gegenüber. Ein Treffen zum Mittagessen mit dem Ex. Ihr jetziger Lebensgefährte erlaube keine abendlichen Termine.
Once I had a great love. Ich habe mit ihr zu Mittag gegessen, ich habe es nicht gemerkt. Ich weiß nur noch - das Essen war grün. Eine grüne Soße über wurmähnlichen Nudeln. Eine Frau saß mir gegenüber. Eine schlanke, große Frau mit dünn gewordenen Haaren. Mein Herz machte einen Sprung, in meinem Gehirn machte es *Dong.* Das ist sie jetzt also. *Once I had a great love.* Noch immer ist alles heiter, die Journalistik, ihre jetzige Beziehung, das Leben. Außer der berühmten Regisseurin, welche die Medien mit dem Argument: *Da können wir gar nicht mehr denken* von ihrer Premiere auslud.
Ohne die Rose tun wir´s nicht, ergänze ich das Beuys-Zitat, dessen Lieblingsspiel es ebenfalls war, die Welt vor den Kopf zu stoßen.
Aber meine große Liebe hört mir nicht zu, will ihren Spaß, soll heißen, die Rückhand gegen die Macherin, die auch über 40, aber wild geblieben ist.
Once I had a great love. Ihre Augen, schattenunterlegt. Kein Glanz mehr darin. Meine große Liebe trinkt zu viel, lacht zu laut und will nicht denken, weder mit noch ohne Rose. Wenn ich auf unsere Vergangenheit komme, sagt sie: Du weißt doch, so bin ich eben, ich denke einfach nicht mehr daran. Vielleicht komme ich dich mal im Sommer besuchen, in deinem Gartenhaus. Und schon steht sie auf, schlüpft in ihren Mantel. Das einstündige Mittagessen beim Italiener neben ihrem Büroturm war beendet. Es war nett, es war schön, Aufwiedersehn.

Es waren einmal zwei junge Menschen, die lebten in einem alten Bauernhaus in einem mittelalterlichen Städtchen. Und wenn sie nicht gestorben sind, dann geistern sie noch immer durch den Heuschober unterm Dach, zwischen Tauben, zurückgebliebenen Koffern und alten Schallplatten.

Bild 19

Ecke Kastanienallee, Oderstraße. Über diesen Boden läuft sie, diese Häuser sieht sie, an diesen Läden geht sie vorbei. Die Gräser zwischen den Gehsteigplatten schimmern im Licht der Laternen. Rote Backsteinmauern, die verlassene Badeanstalt, junge Leute im Café Süß-Sauer. Ich beneide sie alle, die Bewohner dieser Straße, die Häuser, die Straßenbahn, die abgestellten Fahrräder. Wie halten sie nur so soviel Erregung, soviel Begehren aus? Ich bin der mit den Streichhölzern, der frierend den Leuten in ihren warmen Stuben zusieht. In einem davon wohnt sie, lebt, isst, schläft sie, steht morgens auf, kommt abends zurück. Warum teilt sie dieses Leben nicht mehr mit mir? Die Haustür ihres Mietshauses. Das Ding vom Russenstand auf dem Flohmarkt hängt schwer in meiner Manteltasche. In dem Wintermantel, in dem sie mich kennenlernte. Vor achtzehn Jahren. Ihr Fenster ist erleuchtet. *So viel hängt ab von / dem weißen Haus in der Oderstraße / dem Fenster im fünften Stock.* Nieselregen. Ich zittere. Aber ich werde hier warten, bis ... Die Haustür öffnet sich. Ein Mann dreht sich noch einmal um. Tschüs, mach´s gut. Ihre Stimme. Etwas Gereiztes liegt darin. Aber sie bleibt höflich. Sie ist immer höflich. Ihr Schatten hinter dem Mann, der mit gesenktem Kopf die Stufen hinuntergeht. Die Tür fällt zu. Nein, ich habe es nicht getan.

Bild 20

Berlin, Ende 2003. Auf der Netzhaut meines rechten Auges erscheint eine große, dünne, dunkel gekleidete Gestalt. Völlig normal, dass sie da steht, hinter der Glasfront des Pennymarkts, und auf mich wartet, wie immer. Da schaltet sich mein Gehirn ein, ich sehe mit beiden Augen hin, reiße sie auf, sehe diese Fremde, sehe *sie*. Da draußen, neben der Überdachung für die Einkaufswägen, steht Tilla! Eine Frau, die ungeduldig auf ihren Freund wartet und aus Langeweile oder Neugier einen Mann an der Kasse taxiert. Jetzt erkennt sie mich, stutzt. Etwas in mir stöhnt auf, seufzt. Jetzt grüßt sie mich hinter der Scheibe, grinst, tritt unschlüssig von einem Bein aufs andere.
Was tun? Ich bin an der Kasse festgenagelt, bin gleich dran, kann nicht vor, nicht zurück, stehe da wie gelähmt. An einem gewöhnlichen Montagabend taucht sie plötzlich in meiner Welt auf, einem Vorort am Rande Berlins, in meinem Supermarkt, wie selbstverständlich, als sei sie schon immer hier, auf mich wartend, ungeduldig durch die Scheibe spähend, mich angrinsend.
Jetzt entschließt sie sich zu handeln, biegt um die Ecke, kommt zur Tür herein, ihr Kopf in der Menge. Meine Hände legen die Waren aufs Band. Sie steht vor der Absperrung zu den Kassen, überlegt, ob sie durch den ganzen Supermarkt laufen soll, entscheidet sich dagegen und zwängt ihren langen Körper unter der Absperrung hindurch, drängt sich durch die Leute, kommt auf mich zu. Panik ergreift mich, ich werde rot, mein Herz hämmert. Wie seh ich aus, in meinen Alltagsklamotten, ungeduscht, unrasiert, die Haare einfach mit einem Gummi nach hinten gebunden. Oh Gott, schnell wieder eine normale Gesichtsfarbe kriegen, ruhig werden, Himmel.
Da legt sie ihren Arm um einen dunkelhaarigen Mann hinter mir in der Schlange. Guck´ mal, wer da ist, sagt sie zu ihm, wie

zu einem Kind, dem man seinem Lieblingsonkel, oder die überraschend aufgetauchte Mutter zeigt. Guck´ mal, wer da ist!
Jetzt erkenne ich den Mann, Paul, ihren jetzigen Lebensgefährten, bin schockiert, verwirrt, dachte, sie sei allein hier, hatte schon überlegt, sie zum Abendessen einzuladen, wo ich doch gerade so gute Sachen eingekauft habe, Spargel und Steak und neue Kartoffeln, und mich schon wunderte, dass ich so festlich ...
Paul ist genauso überrascht, aber beherrschter, lächelt mir zu, mit schmalem Mund. Dieser so gewöhnlich wirkende Mann, hat mich ersetzt. Jetzt reicht er mir die Hand. Zu förmlich. Er merkt es zu spät.
Ich ergreife die hingestreckte Hand, sage brav Hallo und Guten Tag.
Tilla umarmt mich, Küsschen rechts, Küsschen links. Ihr Freund wartet daneben. Sie seien hier eingeladen, sagt sie, bei einem ihrer Kollegen, der hier oben im Wald wohne. Warst du verreist? Du siehst so braun aus.
Gestern aus Spanien zurück.
Was machst du da, fragt sie, als sei sie eifersüchtig, weil ich weggefahren bin, ohne ihr Bescheid zu sagen, womöglich mit einer anderen.
Na, Urlaub, sage ich, als müsste ich mich rechtfertigen, ihr gegenüber, die seit Jahren ohne mich lebt.
Ich hab deinen Geburtstag ganz verbatzelt, sagt sie jetzt.
Na, so was.
Sie guckt düpiert. Da tut es mir schon wieder leid. Ich lasse Paul, der nur eine Flasche Wein in der Hand hält, den Vortritt, flehe, dass sie endlich gehen. Die Luft bebt schon, mein Gesicht fühlt sich an, als zerfließe es, hinter meinen Lippen staut sich etwas. *Geht doch endlich!*
Sie zögern, hätten gern noch ein bisschen geplaudert, mit dem Verflossenen, der jetzt Farbe und Aufregung in ihren Montagabend bringt.

Dann sitze ich im Bus. Jetzt machen sie, keine hundert Meter von mir, Konversation, trinken, essen. Paul, mein Nachfolger, und Tilla, die gerade dem Mann begegnet war, den sie einmal heiraten, vom dem sie ein Kind haben wollte.
Ich ruf′ dich an, hatte sie zum Abschied gesagt.
Ja, gut, sagte ich, als sei dies das Selbstverständlichste der Welt, wo sie mich doch nie anruft, seit Jahren. Außer gestern, als ich aus dem Urlaub zurückkam. Plötzlich war da ihre Stimme auf meinem Anrufbeantworter: Mal wieder treffen, reden.
Nicht gleich zurückrufen, hatte ich gedacht, sie auch mal warten lassen. Da treffe ich sie am nächsten Tag, im hintersten Winkel dieser Riesenstadt, zufällig in meinem Pennymarkt. *Mein Staub noch erbebte zum Gruß / und läg ein Jahrhundert ich tot / vernähm er nur leis deinen Fuß / und erblühte in Purpur und Rot.*

Durchbruch

Bild 21

Mai 2004. Hinter dem Zugfenster die Hügel des Südens. Meine Hand schreibt: Die Zeit der Schmerzen ist vorbei, vorbei die Zeit des Wahnsinns, der Verzweiflung, der Liebe, die ein Geheimnis in der Verletzung sucht, vorbei, es ist vorbei. Vertrautes beginnt, diese Erde, diese Luft - sich gekannt fühlen, auf ihren Wiesen, Feldern, unter ihrem Himmel.
Tags darauf frage ich mich, ob der Umschwung, der mich so plötzlich erfasst hatte, noch da sei. Woher kam die Kraft *Fini* zu sagen, Schluss, Ende mit dem seit Jahren vor sich hin jaulenden, sich verzehrenden Aron. *Das Schönste am Frühling ist, dass er kommt, wenn wir ihn am nötigsten brauchen.* In meiner letzten Sitzung bei Claudia, die auf meinen Wunsch hin in einem Café in Kreuzberg (nicht mehr in ihren heiligen Hallen) stattfand, sagte ich plötzlich: Ich habe die Nase voll von meinem Tillakram, Tillagrab, all diesem Zerreißenden, Zerfetzenden.
Ein gutes Zeichen, antwortete sie in ihrem nüchternen Ton.
Ich erzählte ihr meinen Osterlammtraum.

Ein sonniger Samstagnachmittag am Schlesischen Tor. Ich laufe Richtung Mauer. Auf dem Bürgersteig dunkelhaarige Männer, die geschorene Lämmer an der Leine führen. Auf ihrer durchsichtigen Haut sind Blutspuren. Da fällt mir ein, dass sie morgen, an Ostersonntag, geschlachtet und verzehrt werden. Ein Wolf kommt auf mich zu, beschnuppert mich gierig. Ich habe Angst, halte ich mir ein weißes Tuch vors Gesicht. Nach einer Weile lässt er von mir ab. Jetzt stehe ich vor dem Haus, in dem ich meinen Rucksack zurückgelassen hatte. Als ich die Wohnung betrete, hockt ein Kind davor. Es hat ihn ausgeräumt

und bunte Stoffe hineingestopft. Erschrocken suche ich in der Vordertasche nach meinem Geldbeutel und Ausweis. Gott sei Dank sind sie noch da. Der Rest ist verschwunden, ich weiß nicht mehr, was es war. Dann verlasse ich das Haus wieder. Auf der Straße spielen Kinder. Vor mir ein übergewichtiger, unglücklicher Junge, dem ich seine Halskette mit einem eingravierten Symbol abnehme. Aber, was soll ich jetzt machen? protestiert er, alle tragen diese Karma-Marke!
Ich laufe ungerührt weiter, bis zu einer heruntergekommenen Gegend an der Mauer. Als ich das Tor darin öffnen will, ist es verschlossen.
Wie komme ich wieder hier raus?
Auf der anderen Seite, sagt jemand.
Ich laufe durch den Wald bis zur gegenüberliegenden Seite der Mauer. Hinter einem schmiedeeisernen Tor sieht man ein Viertel mit weißen Villen unter hohen alten Bäumen. Ich taste über den Mauerrand und finde einen Schlüssel mit einem Federbusch am Griff. Der Schlüssel passt nicht. Ich suche weiter. Da finde ich den richtigen.
Endlich komme ich hier raus!

Und - wer ist hinter dem Tor? Was hast du gefunden?
Hmm ... Fülle, Vielfalt ... Jetzt begreife ich endlich deine Frage, *wofür* Tilla stehe. Ja, es gab ein *Dahinter,* etwas hinter dieser unendlichen Geschichte. Ein Versprechen, die Möglichkeit einer Erweiterung, Erweiterung meines Spektrums.

eine strenge Frau
die ihn durchdringend ansieht
sein Lächeln nicht gelten lässt
unbeirrt fragt
und es trotzdem gut meint
mit ihm
wenn er weint, angesichts
seiner Mutter, deren Leben
ihm tragisch erscheint
wenn er weint
als Kind
zurückgelassen
in der Kälte
wenn er weint
weil er das Drama
unbemerkt weiterspann
schuldig wurde
er - ein umhergestreutes Etwas
ohne Zusammenhang
da war niemand
nichts, was sagen
konnte "das bin ich"
oder nur "ich".

nach zehn
endlosen Jahren
verlor er die Geduld
nichts änderte sich
sein Kummer
nach der Verlorenen
der Geliebten
wollte nicht vergehen
er war alt
verzweifelt

wollte sich auslöschen
vor Scham, die Lösung
nicht zu finden
die Jugend, dachte er
darf sich verirren
aber im Alter
ists zu bitter

und da –
am tiefsten Punkt
während einer Reise
in den Süden
dessen Luft ihn erkannte
schrieb seine Hand
Vorbei, es ist vorbei
keine Suche mehr.
Seine Hand erschuf
eine Schwester, Geliebte
die er war
und nicht er
die fehlende Hälfte
geboren aus dem Wort

die strenge Frau
wunderte sich
hatte sie durch ihren Blick
ihre Hand
die ihn berührte
seine Hälften
zusammengesetzt?

wodurch? fragte sie
das Sortieren, das Ordnen
stammelte er
das Aufräumen, bis endlich

lebendig wurde
was hinter dem Gerümpel
dieses
an die Wand gefahrenen
Lebens

und jetzt? fragte sie
Der Frühling, antwortete er
die Welt ...
Sie war zu ihm gekommen.

süden

als
berlin für
ihn ausge-
loewt war,
entschloss er sich die
fliege zu machen und
verkrümmelte sich endlich
gen süden, wo sein ich
sich niederließ und
juchhee schrie, bis der stifts-
kirchenturm wackelte, die
lerchen über die wiesen glitten wie
mäuse und die inneren neider
endlich
ruhe gaben.

ab nun lieh er
sein ohr nur noch den vögeln, den
posaunen des windes, dem blätter-
geraschel, dem
säuseln der
turmgeister
und
verweilte im
werden der
jahres-
zeiten.

Bild 22

Tingen, 2005. Ein kleines gelbes Blatt. Es flog mir vor die Brust, blieb am T-Shirt hängen. Die Bekannte neben mir wies mich lächelnd darauf hin. *Herbstblatt fällt, schaukelt gelb durch die Luft. Herz setzt aus.* Seither testete ich jedes Jahr meinen Gemütszustand, wenn ein Herbstblatt vor mir zu Boden fiel. Kein Schreck mehr, kein Herzaussetzer. Sichwohlfühlen, das grundlegende Gutsein der Dinge, es war noch da.

Im Traum erschien mir ein Engel. Ich lief mit Berliner Freunden eine Straße entlang, erhob mich immer wieder in die Luft, schwebte neben ihnen her, höher und höher, bis zu den Dächern hinauf. Das ist ganz einfach, sagte ich zu ihnen, nur eine Frage des Willens, jeder kann das. *Se lever*, sich in die Lüfte hieven, wenn man Lust dazu hat. Vor lauter Begeisterung beamte ich mich irgendwohin, war plötzlich in einer fremden Stadt, lief über Plätze, Straßen. Eine schöne Stadt mit alten Kirchen und barocken Gebäuden hoch oben auf einem Hügel. Ich lief beschwingt herum, bewunderte alles, hörte Musik, Bach. Die Musik tröpfelte leise von irgendwoher. Dann geriet ich in den gläsernen Anbau eines alten Gebäudes. Darin eine Ausstellung, rosa beleuchtete, antike Skulpturen, Besucher. Die Schönheit der Skulpturen trieb mir Tränen in die Augen. Dann moderne Kunst. In einer weitläufigen Halle, Schummerlicht, schwarzer Marmorboden, stand eine dunkelhaarige junge Frau, die Künstlerin, die hier ausstellte, vor einer beleuchteten Vitrine, allein, weit und breit nur sie. Als hätte sie auf mich gewartet. Ich ging auf sie zu. Sie fing an zu sprechen. Jetzt war sie ein blonder Mann, der in mich verliebt war. Sie sprach nur Englisch. Ich muss endlich fließend Englisch lernen, dachte ich. Der blonde Mann war liebenswürdig, strahlte Wärme aus. Jemand kam dazu. Sie arbeiteten hier in einem Forschungszentrum, sprachen alle englisch, die hier übliche Umgangssprache. Er

kenne den Blonden schon lange, sagte der Dazugekommene, der sei ein Engel.
Der Engel umarmte mich, war erleichtert mich gefunden zu haben. Sein weicher warmer Körper.

Und der Alltag? Von fünf bis zehn Uhr nachts Unterricht vorbereitet. Tagesthemen geguckt. Aufregung über die Intendantin der Berliner Oper, die eine Mozartoper abgesetzt hatte, weil sie islamistische Anschläge befürchtete. Angeblich ein Kniefall vor den Fundamentalisten, Terroristen. Die Freiheit der Kunst, usw. Gut, dass sie keine Menschenleben auf′s Spiel setzen, keinen mörderischen Aufruhr wie bei den Mohammed-Karikaturen, den Äußerungen des Papstes neulich, provozieren wollte. Die öffentliche Meinung knechtet sie. Anscheinend hat sie etwas zum falschen Zeitpunkt getan - und doch war es richtig. Kirsten Harms heißt die mutige Frau, die jetzt alle gegen sich hat.
Der eitle Tony Blair muss abtreten. Seine Siegermiene ist plötzlich verschwunden, stattdessen blickt ein alter Mann in die Kamera. Scheiterte er an seiner Kriegspolitik? Die Teilnahme am Irakkrieg hat London Tote und öffentliche Angst beschert. Dann ein Bericht über sexuelle Anmache, Erfahrungen von 12 – 14jährigen Mädchen beim Chatten. Kinder unter 12 sollten nicht ins Internet, sagt eine Sozialpädagogin. Ein 15jähriges Mädchen kam deswegen um.

Bild 23

Tingen, 2006. Mit Tilla am Baggersee gewesen. Jetzt ist sie wieder weg - und der ganze Schlammassel wieder da. Zwei Jahre hatte ich Ruhe. Was tun, um Himmels willen???

Lassen Sie alle negativen Gefühle und Gedanken zum Vorschein kommen. Visualisieren Sie diesen Menschen, lassen Sie ihn klar vor ihrem geistigen Auge erscheinen.

Brauche ich nicht, sie war ja gerade noch da, hat einen ganzen Tag mit mir verbracht. Vierundzwanzig Stunden Himmel und Hölle.

Sagen Sie ihr ehrlich, was das Problem ist.

Das Problem ist, dass ich so gern mit dir geschlafen hätte und es lieber nicht tat, es unterbrach, herumeierte, weil ich Angst hatte, danach wieder mit meiner Sehnsucht allein dazustehen und ewig und tausend Jahre zu warten, bis du dich wieder meldest, dass ich keine Lust mehr habe in dieser grauenhaften Warteposition zu verharren und diese unendliche Ohnmacht zu fühlen, die der erleidet, der jemanden will, der ihn nicht will, oder nur ab und zu, "weil es ein Vergnügen ist". Du, mit deinem "Vergnügen" mich anzufassen, zu schnurren, wenn ich dich streichle. Du verdammtes Biest, das alles vergessen hat. Warum hört das denn nie auf, warum, warum.

Sagen Sie ihr alles, was Sie sich bisher nicht zu sagen trauten.

Du verletzt mich, ich bin verletzt, verletzt, verlertzt - jetzt weiß ich schon nicht mehr, wie man dieses verdammte Wort schreibt. Ich wünsche dir die Pest an den Hals, du sollst auf der Autobahn verrecken, gegen einen Baum fahren, wie du es vorhin schon als Möglichkeit erwogen hast, angesichts der Tatsache, dass du im Alter so werden könntest wie dein depressiver alter Vater, den du jetzt besuchen musst, weil du natürlich nicht dein Erbe verlieren willst, du geldgeile, materialistische, martialische Type. Dieses Mal soll nicht ein Auto *vor* dir zu brennen anfangen, wie du erzählt hast, sondern *deins*! Ich wünsche dir Tod und Verderben, deiner ganzen Sippe, deinem Vater, der dich demütigte und verprügelte, so dass du dir geschworen hast, nur noch auszuteilen in dieser Welt, was dir leider immer noch gelingt, der dich zu diesem Mann schickte, mit dem du mich betrogen hast, ein Kind zeugtest. Ich wünsche dir, dass du verzweifelst wie das Arschloch in Roths Roman, das am Ende allein und von allen verlassen dasteht, weil es davor alle verlassen und verletzt hat und sich keinen Pfifferling darum scherte, dieses Arschloch, das "beim Gedanken, an all das, was es ausgelöscht hatte, sich im Rhythmus seiner Selbstanklagen mit der Faust an die Brust schlug, von Zerknirschung übermannt, wegen all dieser unausrottbaren, dummen, unentrinnbaren Fehler."

Das Problem ist nur, selbst wenn dir etwas passieren würde, würde es mich nicht retten. Selbst wenn du auf der Autobahn in deinem albernen roten Sportwagen verrecken würdest, wäre ich nicht erlöst. Auch nicht, wenn ich mich jetzt umbringe, weil ich nicht mehr diese unsägliche Person sein will, die sich ewig und tausend Jahre von dir an der Nase herumführen lässt, die nicht aufhört, sich nach deinem Körper zu sehnen, dafür alles in Kauf nehmen würde, auch heute morgen schon wieder alles in Kauf genommen hätte, wäre nicht dieser unmögliche Schlagabtausch passiert, bei dem sich mal wieder, zum hunderttausendsten Mal

herausstellte, was für ein arrogantes Arschloch du bist (deinen 45. in Marokko mit jungen Strichern am Strand feiern). Das sei bei dir eben biologisch bedingt - und noch mehr von diesem Blödsinn. Du beschränkte Biologistin mit deinem antiquierten Menschenbild.
Als ich mich wieder anzog, hast du es nur kurz registriert, ich weiß nicht mal, ob du es bedauert hast, du nahmst es unglaublich gelassen hin, als würde es dir überhaupt nichts ausmachen, während ich, mein Körper, auf schmerzlichste Weise frustriert war und wütend, wütend, wütend, wütend, weil ich nicht bekam, was ich wollte, nämlich mit dir schlafen und hören, dass du bleibst, ab jetzt immer dableibst, an meiner Seite, dass ich dich jeden Abend spüren darf, für immer.

Was würde diese Person antworten?

Lieber Aron, ich weiß, dass ich gemein sein kann, aber ich kann nun mal nichts dagegen machen. Ich fürchte ich habe nicht mehr die Energie irgendetwas zu ändern. Ja, ich habe dich einmal geliebt (was immer das ist) und irgendwo in mir steckt diese Frau auch noch und kommt wieder zum Vorschein, wenn sie dich spürt, die alte Tilla, die dich schon damals so spürte. Du denkst immer, es sei Leidenschaft für einen so fantastischen, unverwechselbaren Menschen wie dich, aber es ist einfach ein Vergnügen und wäre auch heute Morgen ein Vergnügen gewesen. Mehr gibt es nun mal nicht. Du willst das immer noch nicht einsehen, willst allem und jedem deine Bedeutungen anhängen, deinen zentnerschweren Sinn, den niemand braucht, vor allem ich nicht, die lieber luftig zugrunde geht. Allerdings nicht so wie dieser *Jedermann* oder *–frau* von Philip Roth, denn die Männer lieben mich, sie werden mich nicht verlassen, das kannst du dir noch so sehr wünschen. Du wirst nie leicht und ich nie schwer, deshalb habe ich´s auch nicht mit dir ausgehalten und würde es auch nie mit dir aushalten. Wenn es dir nicht gelingt, dieses Vergnügen mit mir zu teilen, bist du selbst schuld. Du erlebst ja, wie sehr es dein Körper bedauert, wie sehr du dich nach mir sehnst, ja nach mir sehnst, ich weiß das doch und seh´ das doch. Ich habe auch keine Ahnung, wie man dieses Problem lösen kann. Es ist nicht zu lösen, weil du alles willst und ich nur ein bisschen. Außerdem hältst du mich für ein Arschloch, das ist unfair, denn inzwischen habe auch ich vieles eingesehen und geändert. Auf meine Art bin ich für viele eine angenehme und liebevolle Freundin. Und wenn du akzeptieren könntest, einfach ein Freund zu sein, wie das gestern Nachmittag am See noch zu funktionieren schien, könnte alles gut gehen. Schließlich hast du damit angefangen, mich anzufassen. Ich hätte dich in Ruhe gelassen, weil ich weiß, wie schwierig es für dich ist. Ja, es macht mir nichts aus. Die alte Geilheit ist weg. Das ist auch schön, könnte schön sein, wenn du nicht mit deinen pflastersteinschweren Bedeutungen daherkämst. Auch du hast mich einmal tief verletzt, mir die Flügel ausgerissen. Sieh mich doch an. Ich sehe aus wie das zerrupfte Insekt in deinem Traum, von dem du mir heute Morgen erzählt hast, diese arme Kreatur, der du mit deinem harten Griff die Flügel und langen Beinchen zerdrückt hast, so dass sie kahl und malträtiert herumflog, froh, überlebt zu haben. Dabei wollte sie doch nur ein bisschen von deinem Blut saugen, sie braucht nun mal Blut zum Überleben. Ja, das ist biologistisch und tut weh. Finde dich doch mal mit den Tatsachen ab und löse dich von deinen Vorstellungen, dann wird es dir besser gehen, du blöder rechthaberischer Typ. Ich bin nun mal ein Mensch, dem Vögeln Spaß macht. Was gibt es da auszusetzen. Stell dir vor, du wärst so beschaffen wie ich. Würdest du dich etwa anders benehmen. Also lass deine moralinsauren Tiraden.

Setzen Sie den Dialog solange fort, bis nichts mehr unausgesprochen bleibt.

Liebe Tilla, ich kann es nicht lassen, ich habe das Gefühl, dass da immer noch etwas ist, etwas, was noch gelebt werden muss, ich weiß nicht, was es ist, ich denke immer, es sei Leidenschaft, die Erotik, unsere Berührungen, aber es muss etwas anderes sein, ich komme nicht dahinter, ich kann dich beschimpfen soviel ich will, ich schaffe es nicht, dich loszulassen, du bist mit mir verbunden, ich kann das Schlüsselin nicht finden, das mich entlässt aus dieser Kammer, die deinen Namen trägt, deinen verdammten Namen, ich wünsche immer noch, dass du auf der Autobahn verreckst, dass du einen fürchterlichen Abend bei deinem Vater verbringst, dass du bereust, obwohl ich weiß, dass du das nie tun wirst. Wie komme ich da nur wieder raus, ich dachte schon, ich hätte es hinter mir, und jetzt fängt es wieder von vorne an, es ist unsäglich und grausam, ich würde mich am liebsten umbringen, diesen Aron, der aus diesem Teufelskreis nicht herauskommt, die Liebe oder der Sex ist ein Teufelszeug, eine fürchterliche Droge, die einen zugrunde richtet, ich weiß nicht mehr weiter, ich bin am Ende.

Lieber Aron,
beruhige dich, ist ja schon gut, alles halb so wild, ich lieb´ dich doch noch, nur nicht so, wie du es willst. Warum kannst du dich nicht damit begnügen? Was ist so schwer daran? Du willst doch sowieso mit niemandem zusammenleben, willst deine Freiheit, deine Stille und Zurückgezogenheit, mit der ich nichts anfangen kann. Ich will die Stille nicht hören, all die klagenden Stimmen, die mir der Wind zutragen würde. Wer soll das aushalten? Nein, da lebe ich lieber mein beschäftigtes Leben und vergnüge mich, so lange es noch geht. Schade, dass du nicht mitmachen kannst, wo es doch Spaß macht mit dir, ja, Spaß, ich hätte gerne mit dir geschlafen, sehr gerne, aber

du hast alles vermasselt, mit deinem Anklagegeschütz, dass du nicht lassen kannst aufzufahren. Siehst du, du musst auch schon schmunzeln, du Teutone mit deinem Furor, der sein Liebesobjekt zerreißen will, um es dann stückchenweise zu verzehren. Aber mich kriegst du nicht. Einmal war ich fast so weit, bin dir aber, Gottseidank, gerade noch entkommen, weißt du noch? Ich vergesse das nie und nimmer.

Prüfen Sie am Ende, ob Sie die Vergangenheit loslassen können. Haben Sie vergeben?

Okay, sie ist auch nur ein Mensch und ich bin keinen Deut besser, sie hat ihre Fehler und ich meine, ich lasse sie ziehen, nein, sie soll nicht auf der Autobahn umkommen, inzwischen ist sie wahrscheinlich sowieso angekommen.

Spüren Sie, dass der andere Ihnen vergeben hat?

Ich weiß nicht, ich bin mir da nicht so sicher, wahrscheinlich hat sie auf der ganzen Fahrt auch über mich geschimpft. Ihr blöden Männer ihr, sagte sie vorhin und schloss damit ihren neuen Freund mit ein, der ihr, der 15 Jahre älteren, eine Faltencreme zu Weihnachten schenkte. Plötzlich hatte sie ihr üblicher Humor verlassen.
Es ist schwer, sich ihre "Vergebung" vorzustellen, sie vergisst die Dinge einfach, lässt sie hinter sich, ich habe keine Ahnung, wie sie das macht. Ich hoffe, dass der Funke, den sie noch für mich empfindet, nicht ganz erlischt.

Benennen Sie die Gefühle, die Sie vielleicht vergessen haben noch auszudrücken.

Ich liebe sie, was immer das ist. So gierig und verzehrend, wie dieses Gefühl nun mal ist, bei mir ist es auf sie gerichtet, vielleicht für immer und ewig. Ich muss damit leben, dass gerade sie es ist, mir völlig unverständlich, weil sie ein Biest und eine Ausbeuterin ist, aber irgendetwas hat uns über unser beider Leben hinaus miteinander verbunden. Wenn sie da ist, pocht mein Blut, vibriert alles, mein ganzer Körper, er will sie einfach berühren, spüren. Ich verdanke ihr die Erfahrung eines nimmerendenwollenden Begehrens, es gibt keine Worte dafür, ich *leibe* sie einfach, und dass jetzt schon seit zwei Jahrzehnten.

Stellen Sie sich vor, wie sie sich umdreht und geht. Sie müssen diesen Menschen gehen lassen. Aber seine Liebe behalten Sie für immer.

Sie hat sich gestern ja schon umgedreht und ist gegangen, hat mich seufzend und lange umarmt. Okay, ich laaaaasssseeeeeeeeee sie ziiiiiehhheeeeeen. Amen.

Bild 24

Tingen, Sommer 2007. Tilla, inzwischen 49, im grauen Kostüm und roter Bluse, die langen Beine übereinandergeschlagen. Sie sitzt neben mir, lächelt einem kleinen Jungen zu, der als Einziger unbekümmert herumlaufen darf, macht eine halbe Bewegung zu dem Kleinen hin, freundlich, so wie sich Erwachsene Kindern zuwenden, aber verhalten, da wir gerade den ernsten Ausführungen der Standesbeamtin folgen.

Gute Miene zum bösen Spiel, fiel mir angesichts ihres Gesichts, ihrer Haltung ein. Da saß sie neben ihrer alten Liebe, die sie nie geheiratet, neben einem kleinen Jungen, den sie nie bekommen hat.

Ihre blasse, schon leicht schwammige Haut, das fliehende Kinn im Profil, die nicht mehr ganz vollen Haare – vergangen all ihre Pracht. Aber das störte mich nicht, ich *sah* es nicht wirklich.

Sie war übers Wochenende aus Berlin angereist, hatte bei mir übernachtet, in meiner Vorort-Wohnung, blieb die ganze Hochzeit über an meiner Seite, als seien wir immer noch ein Paar. Meine *kleine Hoch-Zeit* nannte ich diese zwei Tage für mich. Als Andreas Freunde und Bekannte einlud, hatte ich ihn spontan gefragt: Und Tilla?

Sie sagte tatsächlich zu.

Nachdem sie am Sonntag zurückgefahren war, überkam mich wieder die alte Trauer. Darüber, dass es immer noch *wunderbar* war mit ihr zu schlafen. Aber eben ohne jegliche Kontinuität, das Gegenteil dessen, was Andreas und Stefan mit ihrer Heirat bekundeten.

Nein, dieses Mal werde ich meine Trauer nicht bekämpfen, hatte ich mir vorgenommen. Das ist der Preis, der Preis für diese Nächte.

Freitagnacht. Ich war noch lange wachgelegen, nachdem wir es getan hatten. Zum ersten Mal wieder seit wieviel, seit sechs oder sieben Jahren. Als sei nie etwas dazwischen gewesen. Bevor sie einschlief, hatte ihre Hand, schon im Halbschlaf, mein Gesicht gestreichelt - mit einer Innigkeit (dieses Wort hatte ich bisher nie benutzt), wie ich sie noch nie erlebte. Ich, der sie seit zwei Jahrzehnten liebte, war nie dazu fähig gewesen - aber sie, die mich seit Jahren vergessen, mich schon während unsrer Beziehung vergessen und betrogen hatte. *Alles ist genau anders herum*. Diesen Satz träumte ich einmal.

Danach war sie weggedämmert, erschöpft von ihrem Arbeitstag und der langen Anreise. Wäre sie wach geblieben, hätte es einer dieser Momente werden können, wie zuletzt in der Untentrautstraße („beängstigend schön"), vor wieviel Jahren?, zehn?, oder in der Heckengasse ganz am Anfang, einer dieser Augenblicke, in denen sich ein Spalt öffnet, von dem sie beim Abendessen sprach, allerdings unter einem negativem Vorzeichen, der Augenblick, in dem sich für ein paar Sekunden die Ewigkeit zeige, z.B. bei einer Explosion in Afghanistan oder im Irak, als eine Bombe drei deutsche Soldaten, die gerade bei Einheimischen eine Waschmaschine kauften, in den Tod riss. Die Stille danach, sagte sie, in der sich etwas öffnet, ein Vorhang, hinter dem es nichts Bekanntes mehr gibt.

Sich dem überlassen, diesen Moment aushalten können, in dem sich etwas zeigt, für das der Mensch nur eine Ameise ist, dachte ich.

Ich hätte gern noch mehr davon gehabt, sagte eine Stimme heute Morgen beim Aufwachen. Noch mehr. Von Tilla, natürlich. Vielleicht werde ich sie nie mehr wiedersehen. Zwischen uns gibt es nur noch ein paar hauchdünne Verbindungslinien, die man nur unter einem bestimmten Lichteinfall sieht. Gestern schrieb ich ihre neue Adresse von ihrer Website ab, legte sie zu den Adressen meiner "Bekannten", unsere Verbindung reduziert auf gelegentliche Nachrichten. Bin umgezogen, mein Manuskript ist fertig, schönen Sommer oder Geburtstag. Davor hatte ich von einem Regisseur geträumt, der gerade die Abschlussszene meines Films drehte. Das Team stand im Freien auf einem Hügel. Verblichenes Wintergras. Indirektes Licht. Keine Sonne, der Himmel von einem tiefen Dunkelblau. Alles gleißte, das Rot der Winterbüsche, das Gelb der Gräser. Die Bäume waren kahl, nur ihre filigranen Strukturen. Hinter dem Drehteam, ich stand etwas abseits, sah man durch das Geäst eines Baumes die Turmlinger Kapelle. Wie möchtest du die letzte Einstellung, wurde ich gefragt.

So, wie´s gerade ist: Der Berg mit der Kapelle und den Darstellern davor, sagte ich.

Aus irgendeinem Grund liefen die Schauspieler jetzt aus dem Bild. Ohne Menschen gefiel mir die Szene noch besser.

Was bedeuten Berge für dich, fragte der Regisseur.

Weite, Erweiterung, Offenheit.

Daraufhin hatte er eine Idee. Er hob ein Gemälde vom Boden auf, ein bekanntes, impressionistisches Werk, löste es aus dem Rahmen und zeigte es mir. Rot und Schwarz. Eine Frau und mehrere Männer, die nackt auf einer Decke im Freien lagerten. Die Frau war dem Betrachter zugewandt. Die Männer sah man nur von hinten. Der linke war der Wichtigere.

Wie war nochmal die Szene davor, was war nochmal der Inhalt?

Na, *was* wohl, meinte der Regisseur.

Ich nickte. Ja, das passt.

Jetzt ist es Sonntag. Trauer, weil sie schon wieder weg ist, weil sie heute Morgen nicht nochmal mit mir schlafen wollte.

Sie zeigte mir vorwurfsvoll ihre aufgeschürften Ellbogen und Knie. Warum ist es bei uns immer so heftig?
Als sie ihr Kostüm, ihre Toilettenartikel wieder einpackte, stöhnte sie: Wie habe ich´s nur geschafft, meine Sachen überall in deiner Wohnung zu verteilen?
Zum Abschied gab sie noch eine Einschätzung meiner Person zum Besten, so als müsse sie sich Rechenschaft über mich ablegen: Die Energie, mit der du deine Ziele durchsetzt, ich kenne niemanden, der das so schafft. Aber - diese Betulichkeit, das gefällt mir nicht.
Betulich?
Ja, dieses Beschauliche, Gärtchenhafte, dieses Örtchen hier oben, diese Puppenstadt.
Ich schwieg. Dass es vielleicht gerade dieses Beschauliche war, das mir die Ruhe und Kraft gab, die sie bewunderte, sei´s drum.
Die zwei Nächte mit ihr. Es funktionierte noch. Da war etwas, was immer wieder zum Leben erweckt wurde. Schlaf gut, mein Lieb´, hatte sie in der ersten Nacht gesagt. Ich nahm ihre Finger, die mein Gesicht streichelten, küsste sie hingebungsvoll. Aber da trieb sie schon weg.
Schlaf gut, mein Lieb´. Worte, von denen ich nur noch geträumt hatte. Ich traute meinen Ohren nicht. Für eine Nacht war alles wiederauferstanden.
Jetzt liegt sie wieder in ihrem Bett am Kolleplatz, allein, weil sie *nach einem Vierteljahrhundert genug von Männern* habe.
Und das hier, was ist dann das?
Schön, sagte sie, es ist einfach schön.
Liegt dort in ihrer neuen Wohnung, die ich noch nicht kenne, zwischen verknüllten Kissen, gemartert von ihrem schlechten Schlaf, vergisst mich wieder und diese kleine Stadt, in der sie einst abenteuerliche Geschichten erlebte, von denen sie schwärmte wie ein Veteran: Hier sind wir entlang gerannt, den Bullen entkommen, diese Parole haben wir auf das besetzte Haus gesprüht (in dem die Hochzeitsfeier stattfand).

Morgen wird sie zum Kongress der Mächtigen fahren, wird berichten, wie sie die Welt unter sich aufteilen - wofür sie sich nur noch einen leisen Unterton leistet. Das ist nun mal die Welt, in der wir leben.
Gerade habe ich ihr eine SMS geschickt.
Gut angekommen, alles Liebe, schreibt sie zurück. Unverbindlich, freundlich. Nur keine Ansprüche an die Nomadin, die meinen Nomadenteil gestern so treffend charakterisierte: Du mit deinem Instant-Camping-Kaffee, das passt zu dir. Weil du dich nur mit Dingen umgibst, die einen schnellen Aufbruch ermöglichen.
Kannst mich mal wieder besuchen, sagte sie zum Abschied.
Wann war ich zuletzt bei ihr? Als sie noch in der Oderstraße wohnte. Vor sieben Jahren.

Ihre Stimme

Berlin, September 2008

Er trägt einen hellblauen Schlafanzug. Früher trug er nie Schlafanzüge. Steht vor mir, irgendwie über mir, auf dem Esstisch, beim Frühstück. Die Beule zwischen seinen Beinen, ich kann nicht anders, muss hin fassen.
Ja! Er verdreht die Augen.
Ich kann es nicht erwarten. Seine Wärme. Komm tiefer. Es geht nicht. Als sei eine Mauer dazwischen, vor dem Ende der Höhle.
Der Wecker, Scheiße. Halb sieben. Was muss ich heute? Schon um sieben anfangen, die Schulze vertreten. Wo ist die Fernbedienung? Nachrichten. Mist, warum träume ich, dass ich mit ihm vögle, wo er doch nebenan auf meiner Couch liegt? Gestern Abend wollte ich nicht, will den Neuen nicht schon jetzt vor den Kopf stoßen. Aron bringt mich immer noch durcheinander. Hört das denn nie auf? Wieder der Jobat heute morgen. Ha, ha, der islamistische Terrorist, den sie geschnappt haben, heißt Fritz. Aufstehen, Tilla Schuster, Kaffee machen. Ich schlurfe in mein Wohnzimmer. Da liegt er, unter Kissen vergraben. Oder haben wir doch? Espresso in die Maschine, Milch in den Topf. Nein, nur ein Traum, kann guten Gewissens behaupten, ich hätte nicht. Macht das einen Unterschied? Die Milch schäumt. Mit der Tasse wieder ins Bett. Da klopft er an meine Tür.
Krieg ich auch einen?
Ja, gleich.
Wär mir lieber, er hätte weitergeschlafen. Brauche mein Kaffee-im-Bett-Nachrichten-Ritual. Er guckt entsetzt auf die dröhnende Glotze, fröstelt, nimmt sich einen Bettzipfel und rutscht neben mich. Was machst du?

Warum bin ich so unwirsch? Er hat mir nichts getan, meine Abfuhr gestern respektiert. Obwohl er sich so darauf gefreut habe. Ich glaube, ich bin rot geworden. Sah man aber nicht in dem Funzellicht. Warum wurde ich verlegen? Ich, die mit so vielen ... Er geht raus, hält den Fernsehlärm nicht aus. Los, ab ins Bad, Schuster, duschen! Ich hocke auf den Boden meiner Badewanne. Hab‘s immer noch nicht geschafft, einen Duschvorhang zu kaufen und anzubringen. Beinahe wäre ich ausgerutscht. Sein Toilettenbeutel auf meiner Waschmaschine. Seltsam vertraut und fremd zugleich. Was hab´ ich gestern gesagt? Er könne immer bei mir wohnen, wenn er in Berlin sei. Warum machte ich ihm dieses Angebot? Er wird mich wieder rumkriegen. Dann ist meine letzte Chance futsch. Der Neue, vielleicht heirate ich ihn. Würde meine Depris vertreiben, die Angst vor dem unausweichlichen Scheißende. Eine SMS von Schulze. Ja, komm ja schon. Kurzer Abschied von Aron. Schlage die Tür zu. Wo ist das verdammte Auto? Hinter der Kirche, in der Anklamer. Deine Statuskutsche. Jetzt guckt er wahrscheinlich von meinem Balkon runter. Ja, lästere nur. Aber mein Schickimick-Loft in dieser verdammten Stadt genießen. In die er mich vor Jahren gelockt hat. Diese popelige Hauptstadt. Der Arsch vor mir biegt in den Alex ohne zu blinken. Nu, mach schon, is doch grün! Mein alter Parkplatz, immer noch reserviert, als wär ich noch Chefin. Wie hast du das nur überstanden, meinte Aron, zuerst die Chefin und dann wieder ganz von vorn? Eine zenbuddhistische Übung, antwortete ich. Woher hab ich so was? Noch einen Kaffee vom Kiosk? Nein, Frau Müller macht mir sicher einen. Oder Karl, der Neue. Süß ist der. Tilla Schuster, lass die Finger davon. Du wolltest doch mit dem Neuen ... Nächstes Jahr wirst du fünfzig. Jetzt keine Depris. Schulze vertreten. Zeig´s ihnen.

Jack Daniel´s

Bild 25

Tingen, November 2008. Eine schwarze Dose Jack Daniel´s, die ich auf meinem Couchtisch ablichtete. Von der Tankstelle in der Herrberger, nachts um zehn Uhr. Ich feierte, und weil ich kaum noch Alkohol vertrug, hatte ich mich für diese kleine Dose entschieden. Natürlich, weil sie etwas mit ihr zu tun hatte. Als ich hier noch Barkeeper war, bestellte sie jeden Abend ihren Jack D. bei mir. Eines Tages gab ich ihn ihr umsonst. Damit begann unsere Geschichte.

Er schmeckte mir. Ich wollte es feiern, dass eine Agentur, bei der ich an diesem Tag gewesen war, meinen nächsten Roman anbieten wollte. Fast drei Stunden saß ich dort, hörte die meiste Zeit zu, kam kaum zu Wort. Etwas in mir, wahrscheinlich das Heimkind, oder der jugendliche Sonderling, will es immer noch nicht glauben, dass er es kann. Aber da war noch etwas, was mich beschwingte. Nachdem ich über eine Woche nichts von Tilla gehört hatte, wo sie doch Emails immer sofort beantwortet, schickte sie mir plötzlich "ganz lg und ein bussi" als Emailantwort. Ich spürte ihre Lippen, ihren Kuss wieder, von vor drei Wochen, nach ziemlich viel Alkohol, der alles enthielt, was seit eh und je zwischen uns war.

Glücklich über ihr Bröckchen Zugewandtheit. Natürlich bekam ich diese Kussgrüsse auch deshalb, weil ich ihr ein Kompliment gemacht, von ihrer "Weite und Weltläufigkeit“ sprach. So ist sie halt, sagte der Nüchterne in mir. Aber der kam nicht gegen den anderen an, der mehrmals täglich an ihrem Unterhemd roch, den geklauten Duft einatmete. Es duftete umwerfend. Nein, ich würde ihre Email nicht beantworten. Diese Zeilen sollten so stehen bleiben, mich davor bewahren, gleich wieder vor heruntergelassenen

Rollläden zu stehen. Ich rannte damit herum wie mit einem Besitz. Gesponnen. Eines Tages, schoss es mir durch den Kopf, werde ich ganz davon befreit sein, egal, ob sie wiederkommt, ich mich jemand anderem zuwende oder autark werde.

Vor meinem Fenster, zwischen Wolkenballungen, ein Dreiviertelmond, der mich durch das Geäst des Vogelbeerbaums anstrahlte. In den Nachrichten protestierende, burmesische Mönche. Keine Gewalt, nur Liebe und Güte, riefen sie dem Militär zu, das sie niederknüppelte.

Am Morgen war ich aufgewacht von dem alten Aron, der kurz davor war, Tilla umzubringen, als sie meinte, ich käme sicherlich für ein paar Monate allein klar, bräuchte sie nicht, aber dieser Mann, Boris ... Ich schrie. Wer, was?

Sie entzog sich mir, ging mit ihren KollegInnen in ein Café, hatte es eilig. Dann lief ich neben einer Kollegin von ihr durchs Treppenhaus. Sie wollte mir zeigen, wo Tilla war. Wir liefen durch Räume, die Macht und Wohlstand ausstrahlten. Die Kollegin führte mich in einen grauen Krankenhaussaal voller vermummter Gestalten auf Stuhlreihen. Aber hier ist keine Tilla, beschwerte ich mich und lief zurück ins Treppenhaus. Da kam *sie*. Ich hatte sie lange nicht mehr gesehen, lächelte, gab ihr die Hand, guten Abend, Frau Präsidentin. Sie grinste, sagte etwas, wollte gleich wieder gehen, ohne eine einzige Berührung. Ich griff nach ihr, zog sie an mich. Da sagte sie: Du kommst doch sicher für ein paar Monate allein klar, brauchst mich nicht, aber dieser Boris ... Jetzt hatte ich eine Pistole in der Hand, eine kleine schwarze Pistole.

Schieß nur, das Leben ist sowieso nur ein Spiel, bei dem man letztendlich verliert.

- Warum kommst du dann nicht zu mir zurück?

Du verachtest mich doch, findest mich oberflächlich und inzwischen auch alt und hässlich. Ich geh jetzt.

- Nein.
Dann schieß doch endlich.

Aron,
deinen Geburtstag habe ich zwar nicht vergessen, aber gratuliert habe ich nicht, ich Treulose. Das liegt daran, dass ich deine Handynummer nicht mehr habe, weil meins geklaut wurde. Ich glaube, du hast mir die Nummer nochmal geschickt, aber ich habe sie offenbar nicht eingetippt. Also sorry und doch noch alles Liebe und Gute, Tilla

Arons Zusammenfassung

Tingen, April 2009

Tilla,
bei all unseren Gesprächen und Treffen der letzten Jahre habe ich es nie gesagt, aber du weißt es natürlich: Ich habe nie aufgehört, dich zu begehren. Zwar verschwand eines Tages die tägliche Sehnsucht nach dir, aber sobald du auftauchst, geht es wieder los. Ich habe es dir gegenüber nie ausgesprochen, aber unsere Trennung war ein zehn Jahre dauernder Höllenritt. Einmal, noch in Heiligensee, gab es einen Nachmittag, an dem ich mich so erbärmlich fühlte, dass ich mich, diese gescheiterte Gestalt, umbringen wollte. Mein Garten rettete mich.
Warum erzähle ich dir das? Wahrscheinlich immer noch in der Hoffnung, so etwas wie Einverständnis herzustellen, über das, was zwischen uns geschah.
Aber dieser Höllenritt brachte mir auch etwas völlig Neues und Unerwartetes. Ich weiß nicht, wie ich es beschreiben soll. Es war im Frühjahr vor fünf Jahren, ich hatte alles versucht - zu arbeiten, dass mir die Sinne schwinden, andere Frauen kennenzulernen, eine Therapie zu machen. Es nutzte alles nichts, ich war am Ende. Und da kam es plötzlich: Von heute auf morgen war ich diese quälende Dauersehnsucht los. Die Sonne schien, es war Frühling und ich hatte endlich die Kraft, das zu tun, was ich schon längst wollte: Mein Exil im Norden zu verlassen, wieder zurück in den Süden zu ziehen, und alle Versuche aufzugeben, mit unpassenden Jobs Geld zu verdienen. Ich wollte nur noch schreiben, den unausweichlichen Geldmangel auf mich nehmen. Vielleicht erinnerst du dich, als ich dich letzten Herbst in Berlin besuchte, sprach ich abends beim Wein auf deinem Balkon, als du über *diese verdammte Stadt, dieses verdammte Leben*

schimpftest, von einem Geheimnis, das mein Leben umgekrempelt, ihm eine tiefe Sicherheit gegeben hat.
Du sagtest, wenn es stimme, müssten drei Worte dafür genügen.
Ich fand diese drei Worte nicht und schwieg.
Vielleicht lauten sie: Aufgeben und loslassen. An dem Abend, bevor es geschah, war ich völlig verzweifelt. Du hattest gerade meinen Antrag, zu mir zurückzukommen, abgewiesen. Ich war am Ende, dachte nur noch, okay, ich ergebe mich, nichts zu machen. Es ist Liebe ... Und dann erlebte ich etwas, wozu mir nur der Begriff Gnade einfällt, ein altmodisches Wort, das mir bis dahin nichts sagte. Sie widerfuhr mir, als ich im kompletten Nichts gelandet war.
Ja, ich danke dir dafür.

(Brief nicht abgesandt)

Eine vollkommene Dezembernacht

Bild 26

Berlin, Dezember 2009. Tilla in ihrem neuen Loft am Jakobskirchplatz. Sie sitzt unter einer kugeligen 60er-Jahre-Lampe auf ihrem weißen Ledersofa, Fernbedienung in der Hand, dunkle Klamotten, viel zu dünn, mit Brille (früher unvorstellbar). Ihre Miene wirkt überrascht. Ein Schnappschuss, nur zur Erinnerung, anlässlich meines Besuchs. Es sieht so aus, als bewege sie ihre Zunge im Mund hin und her, als denke sie nach, bemüht, etwas in den Griff zu bekommen, vielleicht ihre alte Kühnheit wiederherzustellen. So ähnlich. Schwer zu beschreiben dieses Gesicht. Sie dreht sich zu mir um, will gerade den Fernseher einschalten, oder das Programm wechseln, sieht zu mir hin, kein Lächeln.
Ich hatte das Foto an dem Sonntag gemacht, als ich wieder abfuhr. An diesem Sonntag war ich ein rundum glücklicher Mensch.

Freitagnachts war ich in Berlin angekommen und eilte über den Alex, um sie von der Arbeit abzuholen. Bunte Holzbuden, Grüppchen mit Glühweintasse oder Bierflasche in der Hand. Ich hastete durch die Gasse zwischen den Buden und dem Kaufhaus. Hell beleuchtete Schaufenster mit Kleidern, Accessoires, Spielzeugen, nagelneu, glänzend, Weihnachtsgeschenke. Vor mir der graue Asphalt, der Eingang zum S-Bahnhof - eine runde Öffnung im neuen Flachbau aus Glas und Stahl. Der Platz veränderte sich immer noch. Im Bahnhof wich ich alkoholisierten Männern aus. Auf der anderen Seite war es menschenleer. Hier stand ich schon einmal vor Jahren, um sie abzuholen (so aufgeregt wie jetzt). Straßenbahngleise, die Tram-Haltestelle und dahinter dieser seltsame Flügelbau mit Buden, Kneipen und, daraus emporwachsend, der lange dünne Turm. Der Platz war fast dunkel, nur ein paar Leuchtschriften. *Willis Treffpunkt, Tacos-Bar, S-Lounge.*

Ich hab Spätschicht. Hol´ mich ab. Findest du den Eingang wieder?

Ja, ja, hatte ich am Telefon gesagt. Aber jetzt war ich mir nicht mehr sicher. Irgendwo hinter dem Turm führte eine Freitreppe nach oben zu ihrem Büro. Ich stand vor der Rückseite dieses architektonischen Mischmaschs aus DDR- und Wendezeit. Vor mir eine Betonstrebe, die nach oben führte. Die Treppe? Ich lief daran entlang. Nein, nur ein Pfeiler. Ich hatte mich schon darauf entlang balancieren sehen. Da, hinter der Verstrebung, endlich eine breite, nach oben immer schmaler verlaufende Treppe. Die Eingangstür war verschlossen. Ich holte mein Handy aus der Manteltasche, da hörte ich ihre Stimme. Aron ...

Hinter der Glasscheibe ihre hohe, dunkel gekleidete Gestalt. Sie hatte sich eine Wollmütze über den Kopf gestülpt. Darunter ein schmales, verknautschtes Gesicht.

Komm´ rein.

Sie hantierte mit einem Schlüsselbund, schob mich in einen Aufzug. Dann standen wir uns gegenüber, in dem engen Metallkasten. Eine Begrüßung hatte nicht stattgefunden, kein Lächeln oder Kuss. Irritiert blickte ich auf diese Frau mit der Wollmütze. Sie sagte etwas. Ihre muntere Stimme. Unten, in der Tiefgarage steuerte sie auf ihren roten Sportwagen zu. *Bling-Bling*, hatte ich im Zug in der Zeitung gelesen, *Carla Bruni treibt ihrem Ehemann seine Bling-Bling-Allüren aus.*

Gut siehst du aus, sagte sie.

Ich wusste nie, ob sie das ernst meinte.

Wir fuhren durch die dunklen Straßen. Weißt du, wo wir sind? Ich schüttelte den Kopf.

Weinmeister Straße. Hier vorne links, der Hackesche Markt.

Schön, so von ihr durch diese Stadt kutschiert zu werden, die mir nichts mehr anhaben konnte.
Willst du noch ausgehen?
Wir saßen in ihrem Wagen am Jakobskirchplatz.
Nein, lass´ uns gleich hoch gehen.
Ich konnte es kaum erwarten. Sie holte ihre Einkaufstüten aus dem Kofferraum, lief durch ein Tor, ließ im Hinterhof den Aufzug herunter.
Wir betraten ihre Wohnung. Im Flur immer noch das wandhohe Gemälde einer Bekannten, das sie noch zu unsrer Zeit erworben hatte. Sie machte Licht, zündete im Wohnzimmer Kerzen an. Das war neu.
Bier oder Wein? Sie räumte ihren Einkauf in den Kühlschrank. In der Nische neben ihrem Balkon hing immer noch das vergrößerte Madeira-Foto, mit ihr auf der Kaimauer, das ich ihr einst zum Geburtstag schenkte.
Ich rüttelte an der Balkontür, brauchte frische Luft.
Einfach ziehen, feste ziehen!
In der Ferne der beleuchtete Fernsehturm über Millionen Lichtpünktchen. Ich beugte mich über die Balustrade. Unten, über dem Kirchplatz, waberten rötliche Nebelschleier (vom Laternenlicht). Die parkenden Autos zwischen feuchtem Geäst schimmerten wie Käferrücken. Der Kirchturm von gegenüber winkte mir zu.
Willst du was essen? Sie kam auf den Balkon, reichte mir ein Bier. Ich hab Suppe gekocht.
Könnte ich ein Glas haben?
Oh natürlich. Mit einer Bewegung ihres Körpers schüttelte sie ihre Unaufmerksamkeit ab.
Wir aßen an ihrem langen Esstisch, dessen andere Hälfte als Zeitschriften- und Postablage diente. Neben mir zwei Plastiktüten mit Weihnachtsgeschenken für ihre Familie.

Stunden später fand ich mich auf ihrer Couch wieder, ihr Kopf in meinem Schoß. Oder saßen wir noch am Tisch, als ich

erstaunt feststellte, dass wir über unsere Vergangenheit sprachen, wo sie doch nie darüber reden wollte.
Wir waren vom Bier zum Wein übergegangen, ich folgte ihren politischen, zeitgeistigen Ausführungen, bis sie immer öfter den Faden verlor. Dann spielte sie mir ihre neuesten CDs vor, war ganz begeistert von ... Ich erinnerte mich nicht mehr an den Namen der Band, wusste nur noch, dass sie ein bestimmtes Lied immer wieder laufen ließ. *Alle, die die Liebe suchen, sie müssen kapitulieren. Alle, die die Liebe finden, sie müssen kapitulieren. Kapitulation, ohohoh ...*
Wir tanzten. Die Musik dröhnte, die Balkontür stand weit offen. Ich hatte keine Ahnung, welcher Tanz das war, reagierte einfach, Schritt für Schritt.
Wo möchtest du schlafen, hier auf der Couch oder bei mir? Sie zeigte in Richtung ihres Schlafzimmers.
Wirklich bei dir?
Sie nickte.
Stunden später lauschte ich auf ihre Atemzüge. Nie hätte ich mir träumen lassen, sie noch einmal zu hören. Sie waren mir vertrauter als mein eigenes Leben.

Warum war diese Dezembernacht so vollkommen gewesen? Während der langen Zugfahrt, angesichts des Kummers, der wieder einmal unumgänglich auf mich zukam, hatte ich mir vorgenommen, ihn einfach hinzunehmen. Und - dieses Mal würde ich nur das sagen, was sich „richtig" anfühlte, ansonsten würde ich schweigen.
Und dann gelang es mir tatsächlich. Vor jedem Wort, das mir auf der Zunge lag, horchte ich in mich hinein, was dazu führte, dass ich sie meist schweigend ansah. Hatte das die Atmosphäre zwischen uns so verdichtet, dass sie zur Musik wurde?

Am nächsten Tag lief ich durch die Katakomben der S-Bahn Friedrichstrasse, um einen Freund zu besuchen. Wie schnell

mir alles wieder vertraut war. *Richtung Alt-Tegel zurückbleiben*!
Als ich Tilla später erzählte, dass mein Freund Konkurs anmelden musste, zu hoch gepokert habe, sagte sie: Du bist ja auch vor nichts zurückgeschreckt.

Bild 27

Tingen, Mai 2010. Jetzt saß sie auf meiner Couch, lächelte freundlich, fast liebevoll. Ihre langen Glieder, ihre hochgezogenen Beine passten kaum auf meine schmale Couch. Die Arme ausladend, entspannt, mit ihren schmalen und doch kräftigen Händen. Die Bluse über dem schwarzen Top war geöffnet. Dunkle Jeans. Sie habe einen Pressetermin in Tingen hatte sie bei ihrem überraschenden Anruf gesagt. Bist du da? Kann ich, darf ich zu dir?
Ja, natürlich. Ich legte auf, mein Herz klopfte nicht. An Morgen, im Bad, hatte ich noch an sie gedacht, und dann, am Mittag, rief sie an.
Jetzt wurde es mir doch bang. Wie würde es werden? Sie wird bei mir übernachten.

Ihr Leib
im Dämmerlicht
eine Aufforderung

verschwunden
was mich Jahrhunderte
gefangen hielt

mein Leib
im Dämmerlicht
eine blasse Antwort.

Am nächsten Morgen saß ich in der Küche, trank Kaffee, schrieb meine Morgenseiten. Sie schlief noch.

Ich hab ein Brett vorm Kopf, hatte sie im Halbschlaf gestöhnt, sich unruhig hin und her gewälzt. Hatte das etwas mit uns zu tun? Oder sollte ich aufhören, alles auf uns zu beziehen? Tilla - meine Lebensgefährtin, wenn auch nicht im üblichen Sinn. Freundlich war sie geworden. Half am Abend, als wir am Heckentor ein Bier tranken, einer Frau beim Entziffern der Bus-Abfahrtszeiten, ließ sich von einem Penner zeigen, wo wir unsere ausgetrunkenen Bierflaschen hinstellen sollten. Und als sie über ihren Job sprach, der Hauptstadtpolitik, hörte es sich an, als sei sie inzwischen auch an den Anliegen weniger Privilegierter interessiert.
Wir sind daran gescheitert, dass du nicht mehr mit mir reisen wolltest, du wolltest nur nach innen reisen - hatte sie unsere Beziehung mit wenigen Worten auf den Punkt gebracht.
Ich war überrascht.
Zum ersten Mal erzählte sie, wie sie als Kind im Wohnzimmer herumtanzte, Tänzerin werden wollte und von ihrem Vater ausgelacht wurde: Eine Tochter, die Negerlieder singt und dazu tanzt, kann nicht von mir sein.
Hast du deswegen damals das Singen aufgegeben?
Sie stutzte: Das auf-der-Bühne-stehen war mir zu ... Ich hätte das nicht ausgehalten, die Erwartungen.
Was hättest du nicht ausgehalten?
Plötzlich vernahm ich seltsam fiepende Töne, eine Art Winseln (sie hatte zwei Flaschen Bier und eine halbe Flasche Wein geleert).
Weil ich als Kind geschlagen wurde ...
Ich war aufgesprungen, wollte sie trösten, in den Arm nehmen. Sie lachte gequält. Ach, war doch nur Spaß.

Auf der Ablage im Bad ihr Toilettenbeutel. Ich konnte es nicht lassen, stöberte darin herum, fand ein Streichholzblatt aus Wien. Legte es dann wieder zurück. Keine Fetische mehr.

Nach dem Aufstehen saß sie im Bademantel (der sich immer wieder öffnete) beim Frühstück. Ich schlafe gern mit dir. Blöd, dass ich es manchmal ablehne.
Später holte sie in der Universitätsverwaltung einen Studiennachweis. Den brauche sie für ihren Rentenantrag. Bis zu ihrer Abfahrt saßen wir noch im Clubhausgarten, langweilten uns sogar ein bisschen und verabschiedeten uns neben den gelben Rosenrabatten an der Wilhelmstrasse.

Bild 28

Berlin, Ende August 2010.
Oh, für uns hast du das nie gemacht, sagte ihr Bruder Harry, der mit seinem Sohn zu Besuch war.
Ich war nach einer Lesung zu ihr gefahren (ja, natürlich kannst du kommen, ich habe zwar überraschend Besuch, aber das macht nix). Sie hatte mir etwas zu essen gemacht, Tomatensalat, belegte Brote. Bei den Worten ihres Bruders sah sie zu Boden und schwieg. So verlegen hatte ich sie noch nie gesehen.
Ich setzte mich, wir tranken Wein, redeten. Harrys Sohn Felix, der auf der Couch Videos guckte, hatte diesen Schnappschuss gemacht. Ich sehe erschöpft aus, war froh, die lange Fahrt und die anstrengende Lesung hinter mir zu haben. Hier bei Tilla fühlte ich mich wohl und ihren Bruder mit seiner warmherzigen, unkomplizierten Art mochte ich.
Im Lauf des Abends erzählte Harry von seiner unglücklichen Liebesgeschichte mit der inzwischen verstorbenen Inge. Die Parallelen waren verblüffend: Auch er hatte jahrelang vergeblich darauf gewartet, dass ihr Liebesverhältnis verbindlich, dass Ilse ihn heiraten würde. Tilla schwieg dazu. Dann brach es plötzlich aus ihr heraus: Ich erinnere mich noch genau an die Nacht, in der ich unsere Freundschaft beendet habe. Wir hatten wie üblich Musik gemacht und gesoffen. Da gestand sie mir, dass sie mit Harry schlafe. Bei mir machte es Klick - der Bogen war überspannt. Zuerst schläft sie mit meinem Freund (dem nach mir), dann auch noch mit meinem Bruder!

Sie ging zum Kühlschrank, holte sich ein Bier, die Weinflasche war inzwischen geleert, sah Harry und mich fragend an. Wir schüttelten den Kopf, nein, danke.
Und dann sprach sie zum ersten Mal über ihr Handicap. Sie habe, wir waren auf Herta Müllers Literaturnobelpreis und Rumänien gekommen, damals einen Hörfunkbeitrag über Ceausescus Tod gemacht.
Aber er wurde abgelehnt, weil ich darin ... stotterte.
Harry und ich sahen uns erstaunt an.
Dann habe ich den Text so oft wiederholt und geschnitten, bis er doch noch verkauft wurde.
Sie stand auf und verschwand im Bad.
Vater hat sie geschlagen, sagte Harry. Und Mutter hat sie nicht beschützt, obwohl sie ihr Liebling war, wie eine Einheit waren die beiden, ich lief nur nebenher.

Im Morgengrauen gingen wir endlich zu Bett. Ich saß benommen auf ihrer Bettkante.
Was ist?
Nichts. Nur, dass ich jetzt hier schlafe.
Hier bist du zu Hause. Du bist mein Mann.
Hatte ich mich verhört? Waren das vielleicht nur die Worte einer Betrunkenen? Sie legte Musik auf. *But I remember everything / And you could have it all / My empire of dirt.* Etwas in mir polterte zu Boden.
Und dann schliefen wir miteinander. Kein Ineinanderstürzen, keine Atemlosigkeit mehr, alles verlief sanft, leise, wie selbstverständlich. Zwischen unseren Berührungen, die die ganze Nacht andauerten (so kam es mir vor), sprach sie zum ersten Mal über unseren *goldenen Moment*: Dieses Erlebnis, so nur mit dir. Wahrscheinlich erlebt man das nur einmal. Ich weiß noch, wir hatten gevögelt, immer wieder, vielleicht fünfmal oder so. Dann saßen wir in deiner Küche und alles kam mir vor ... Ich hätte den Küchentisch essen

können, alles war so weich, wie Schokolade. Und - ich war vollkommen glücklich.

Beim Frühstück erfuhren wir von Harry, dass sich Felix nachts mehrmals übergeben hatte, er drei oder vier Mal das Bad putzen musste.
Der arme Junge. Er musste unsere chaotischen Geschichten wieder auskotzen.
Tilla brachte die beiden zur Tram. Danach gingen wir wieder ins Bett, tranken Kaffee, lasen Zeitung. Gegen vier machte sie sich zu ihrer Wochenend-Sauna auf. Ich spazierte die Kastanienallee entlang und konnte es nicht fassen: Keine Sehnsucht, kein Kummer, keine Erschütterungen mehr in dieser Gegend. Nichts *hing mehr ab von / dem weißen Haus in der Oderstraße / dem Fenster im fünften Stock.* Etwas in mir war gestillt. Leise Freude. Keine Übertreibungen mehr.
Abends gingen wir essen, liefen durch das nobel gewordene Viertel, an den weißen Bürgerhäusern entlang. Es regnete. Laternenlicht auf den nassen Blättern des Trottoirs. Beim Essen erzählte sie von einer Bewerbung. Ein ganz neuer Job, innovatives Nachrichtenkonzept. Ich verstand sie kaum in dem lauten Lokal, hatte kein Bedürfnis nachzuhaken, lauschte nur dem Klang ihrer Stimme. Wir stapften zurück, lasen noch im Bett, schliefen früh ein.
Am Sonntagmorgen fuhr sie mich zum neuen Hauptstadtbahnhof, winkte: Spätestens bis zu deinem Sechzigsten!
Ich saß in einem rot funkelnden italienischen Bistro und wartete auf den Zug.

Wie war´s in Berlin, fragte Andreas.
Gut. Es war alles gut.
- Dann hat sie dir verziehen.
?

- Ich glaube, dass sie damals, bei eurer Trennung sehr gelitten hat. Aber du ja auch.

Das alte Haus

Bild 29

Tingen, September 2010. Da stand es, das Bauern- und Handwerkerhaus aus vergangenen Jahrhunderten. Ein graues Gebäude mit zwei Fensterreihen übereinander. Charme besaß nur der kleine Brunnen davor, auf dessen Rand ich ab und zu eine Zigarette geraucht hatte. Hier, hinter diesen drei Fenstern im ersten Stock, deren Scheiben mit blauem Stoff verhüllt waren, als sei das Zimmer unbewohnt, hier war es passiert. Auf meiner Matratze am Boden. Oder schon in dem Bett, das sie mir geschenkt hatte? Hier, hinter dem leeren Blumenkasten an der Längsseite, mit der niedrigen Küche dahinter, dem Gasherd, dem ausrangierten Holzofen, der 60er Jahre-Spüle. Unser *goldener Moment*. Wer würde das hinter dieser unscheinbaren Fassade vermuten?
Was wusste ich noch von der Umarmung, die diesen Zustand ausgelöst hatte? Wenn ich Tillas Wärme endlich an meiner spürte, trieb es mir Tränen in die Augen, so als hätte ich mich Jahrtausende lang nach ihr gesehnt. Sie bekam einen Höhepunkt nach dem andern, floss über, keinerlei Hemmungen, kein Gedanke mehr an die Welt, nur noch wir beide, unsere Körper. Danach waren wir in die Küche gegangen, tranken ein Glas Wasser an dem kleinen weißen Tisch neben der Duschkabine - da geschah es! Dieser zeitlose Moment, in dem wir in eine durchlässige, luftige Weichheit gerieten, bar jeder Form, Materie.

Die Touristen, die vorbeiflanierten, palaverten so laut, dass ich das Plätschern des Brunnens nicht mehr hören konnte. Ich stand auf, lief an der Hausseite entlang, *hallo, vertrautes altes Haus*, setzte mich auf das Mäuerchen gegenüber.

Von hier aus sah man sein Fundament aus Steinquadern, das Holztor zum Gewölbekeller. Die Zweige des Holunderbuschs an der Hausecke bewegten sich im Wind, der klar war, frisch und kühl. *Alles vorbei, Tom Dooley.* Sonntägliche Stille. Das Klimpern eines Windspiels. Aus einem Fenster zaghafte, wieder abbrechende Klavierversuche eines Kindes. In der Lücke zur dahinter liegenden Gasse ein Kastanienbaum, der über die Häuser ragte. Hatte ich diesen Baum früher wahrgenommen? Taubengurren in der Aufzugsluke des Daches. *Du altes Haus, sag mir noch was.*

Stille in der engen Gasse, die die Touristen übersehen.

Ein Junge kam die Gasse hoch, Flipflops an den Füssen, redete mit einer Frau hinter dem hohen Eisengitter des Nachbargartens, wahrscheinlich seiner Mutter, wollte hinübersteigen. Romy Schneiders Sohn war auf diese Weise umgekommen. Der Junge ließ davon ab, rannte um die Ecke.

Ich saß und schaute. Nichts kam mehr zurück. Tilla, die Frau mit dem seidigen Haar und einem Gesicht, dem die Liebe eingeschrieben war, gab es nicht mehr. Und den jungen Mann mit der begeisterten Lache, auch ihn gab es nicht mehr. Sie waren wie das Haus, standen noch, brüchig und alt geworden, aber mit einer leuchtenden Geschichte im Innern. Auf dem Klingelschild neben der Eingangstür stand immer noch mein Name.

Danke an R.W. und N.S.